이재록 목사 자서전

나의 삶 나의 신앙

2

크리스챤신문사

이재록 목사 자서전

나의 삶 나의 신앙 2

초판 발행 2008년 3월 22일
5쇄 발행 2018년 3월 17일

지은이 이재록
펴낸이 신명진
엮은이 이은미
디자인 박래후

펴낸곳 크리스챤 신문사 출판부
주　소 서울시 종로구 창경궁로 112-7 인의빌딩 2층

영　업 우림북 02-837-7632, 070-8240-2072
팩　스 02-869-1537

ISBN 978-89-88390-17-7 (03230)
독자의견 이메일 sion7000@hanmail.net
값 10,000원

나의 삶 나의 신앙 2

―――――――――

일어나라 빛을 발하라

이는 네 빛이 이르렀고 여호와의 영광이

네 위에 임하였음이니라

(시 60:1)

―――――――――

성령의 능력과
실체를 일깨우는 증거

이종만 목사
(기감 · 세계기독교부흥선교협의회 상임대표)

시간은 인간을 기다려 주지 않는다. 그러나 하나님은 인내심을 갖고 끝까지 인간이 회개하여 구원받길 기다려 주신다. 현대인들은 이러한 하나님의 깊고 깊은 사랑을 너무 모르고 살아간다. 많은 기독교인과 목회자도 세상의 흐름에 따라 진정한 하나님의 사랑과 그분의 뜻을 잊고 살아간다.

왜 현대인들은 교회로부터 멀어지고 하나님에게 가까이 가지 못한 채 방황할까. 그 이유는 현대 과학에서 찾을 수 있다. 사람들은 당면한 문제들을 과학으로 해결하려고 한다. 그리고 과학이 내린 결론을 신앙의 힘보다 더 철저하게 믿는다. 이러한 현상은 신앙에서도 마찬가지이다. 목회자들은 믿음보다 눈으로 확인하고 납득해야만 믿으려고 한다. 신앙을 과학적인 방식으로 성도들에게 강요하고, 또 자신만의 교리에 맞추어 모든 사람에게 믿음을 심어주려 한다.

이런 식으로 현대 기독교인들은 잘못 길들여진 신앙과 믿음으로 하나님을 이해하려 하고 그분의 능력을 체험하려 한다. 이러다 보니 하나님의 거룩한 성령의 힘을 신비적인 것으로 몰아간다. 말하자면 교회가 세상을 이끄는 것이 아니라 세상이 교회를 이끌어 가는 것이다. 그래서 많은 성령의 역사가 믿을 수 없는 신비로 치부된다.

만일 하나님 능력이 신비롭게 나타나지 않는다면 그것이 무슨 가치가 있겠는가. 하나님의 역사는 모두 신비하고 그럴 수밖에 없다. 그래야 전능하신 하나님이며 우리 인간을 구원할 구세주인 것이다.

이재록 목사는 이러한 세속적인 신앙과 믿음에 가까이 있지 않고 항상 성령과 하나님 곁에 계신 분이다. 왜냐하면 이재록 목사는 늘 기도와 특별한 성령 체험을 통해 하나님 역사를 우리에게 보여주기 때문이다.

이재록 목사의 자서전 〈나의 삶 나의 신앙〉은 바로 이러한 믿음과 신앙의 참 모습을 보여 준 감동 스토리이다. 어쩌면 우리 현대인이 잊은 성령의 실체를 보여 주는 산 증거일 수 있다. 사실 신앙과 과학은 별개의 것이 아니다. 만물을 창조한 하나님께서 우리에게 보인 모든 일은 다 과학이다. 그러므로 이재록 목사가 병자를 치료하고 기도로써 문제 해

결을 하고 벅찬 성령 감화를 하게 하는 능력도 모두 하나님에게서 나온
것인 만큼 과학이면서 믿음이며 신앙인 것이다.

　그동안 크리스챤신문에 연재되면서 많은 성도와 목회자에게 폭발적
인 감동을 안겨 준 〈나의 삶 나의 신앙〉은 이런 점에서 산 믿음의 증거
이자 살아 계신 성령의 역사를 보여 준 현대인의 신앙서라 할 수 있다.
　특히 자신의 진솔한 삶 자체를 그대로 보여 주는 점도 인간적인 감동
을 줄 뿐 아니라 그가 지금까지 만민중앙성결교회를 개척해서 성장시
킨 모든 목회 스토리를 담고 있어 성도들뿐 아니라 목회자들에게도 진
정한 목회가 무엇인지를 보여 주는 지침서이기도 하다.
　내가 듣기로는 이 자서전은 많은 목회자와 성도에게 믿기지 못할 만
큼 큰 감동을 불러일으켰다고 한다. 목회자들은 교회 성장과 성령의 능
력 면에 큰 관심을 보였고 성도들은 이재록 목사의 기도를 통해 치유를
받음으로써 성령의 능력을 체험했다는 점에 큰 감동을 받았다.
　이것은 오늘날 한국교회가 성령의 능력을 상실했기 때문이다. 살아
있는 교회가 되지 못한 것도 지나치게 성령의 힘을 신비로 비하했기 때
문이다.성령은 결코 신비가 아니라 현실이며 실질적인 체험이다.
　그러므로 이재록 목사는 진정한 한국교회의 목회자라고 자신 있게

말할 수 있다. 자서전 〈나의 삶 나의 신앙〉을 통해 사실상 얼마나 많은 성도가 주 예수를 뜨겁게 사랑하고 약한 믿음이 강해졌는지 이 책을 읽어 본 사람은 누구나 공감할 것이다. 그리고 많은 목회자가 이 책을 통해 진정한 교회가 어떤 것인지, 성령의 능력이 살아 역사하는 교회가 어떤 것인지 충분히 깨달을 것이다.

마지막으로 한 가지 덧붙여 하고 싶은 말은 그동안 MBC 방송과의 관계에 대해서 진실이 소상하게 드러났다는 점이다. 그리고 왜 이재록 목사가 한국 교회로부터 핍박을 받는지 그 이유를 명확히 밝혀 주고 있다. 진실은 언젠가 밝혀지는 법이다. 숨긴다고 해서 결코 영원히 가려지는 것이 아니다.

한국 교회 일부일지라도 이제는 이재록 목사에 대한 음해를 중지해야 할 것이며 MBC 방송도 만민중앙성결교회에 진심 어린 사과를 해야 한다. 이것이 이재록 목사의 자서전을 읽은 나의 진정한 바람이다. 모든 목회자와 성도가 이 자서전을 일독하여 성령에 대한 눈이 열리기를 기원한다.

contents

제7장
열방은 네 빛으로 열왕은 비취는 네 광명으로

제1장
비 온 뒤에
땅이 굳듯이

- 믿음의 씨앗을 심은 후
- 잉태의 축복으로 일본에 교회가 세워지다
- 해외 선교의 지평이 확대되고
- 절망으로 무너진 삶이 희망으로
- IMF가 올 것을 주관받아 긴축을 역설하며
- 창립 15주년 기념예배에서
- 알곡을 원하시는 하나님

믿음의 씨앗을 심은 후

구로동으로 성전을 이전한 후 몇 년 안 되어 다시 포화 상태가 되었다. 주차 공간 확보 등 늘어나는 성도를 더 이상 수용하기 어려웠다. 여러 정황으로 볼 때 빨리 성전을 확장해야 했다. 마침 가까운 곳에 4천여 평 규모의 매물(賣物)이 나왔다. 하지만 기존 건물에 대한 부채가 남아 있어 현실적으로는 어려운 일이었다.

이 문제를 놓고 기도하니 하나님께서는 "그 땅을 취하라."고 응답하셨다. 그 땅을 매입하려면 약 2백억 원이 필요하지만 교회 형편으로는 계약금 10억 원도 마련하기 어려운 상태였다. 하지만 불가능한 현실 속에서도 말씀에 순종할 때마다 하나님께서 역사하신 것을 늘 체험했기에 이번에도 믿음의 행함이 필요하였다.

우선 계약금 10억 원 중에서 1억 원을 믿음의 씨앗으로 심으리라 마음먹었다. 가계약을 하려면 1억 원이 있어야 했다. 하나님께서는 항상 부족하지 않도록 축복해 주지만 각종 헌금과 선교, 구제에 쓰이기에 늘

여유가 없었다. 그렇지만 하나님께서 함께하면 불가능한 일이 어디 있겠는가?

계약금 중 일부를 감당하리라 마음먹고 1억 원을 마련하고자 기도했을 때 하나님 역사는 생각지 못한 곳에서 시작되었다. 갑자기 전에 내게 기도받고 치료받은 사람들과 어려웠을 때 구제해 준 성도들이 여기저기서 찾아와 감사 표시를 하는 것이었다.

1995년 8월, 마침내 1억 원이 마련되어 가계약을 했다. 내가 솔선수범하니 노년에서부터 코흘리개 어린아이까지 너나 할 것 없었다. 건축헌금을 하라고 특별히 광고한 적도 없지만 하나님께서 마음을 주관하니 성도들도 자원하여 기쁘게 동참한 것이다. 지방에서뿐 아니라 해외에서도 보내왔기에 얼마 지나지 않아 계약할 수 있었다. 이렇게 하나님 말씀에 순종하니 계약한 주간부터 갑자기 교회 재정이 세 배가 늘어나 공사를 시작할 수 있었다.

한마음이 되어

1996년 5월, 철근 뼈대가 세워지고 공사가 한창 진행됐다. 그런데 6월 10일부터 2주연속 부흥성회가 예정되어 있었다. 이번 부흥성회는 더 많은 사람이 들어올 수 있도록 새 성전에서 개최하려 했지만 내부 공사까지 마치려면 몇 달 더 시일이 필요했다. 이런 상황을 잘 아는 성도들이 공사에 앞다투어 봉사했다. 어떤 성도는 휴가를 내서 도왔고 직장인은 퇴근하는 대로 교회에 와서 시멘트와 모래를 실어 나르고 바닥에 타일을 깔며 페인트를 칠하는 등 일손을 보탰다. 날마다 수백 명 성도가 한 마음으로 공사를 도운 결과 부흥성회가 가까울 즈음에는 성전이 아름다운 위용을 드러냈다.

비록 천장이 마무리되지 않은 상태였지만 새 성전에서 제4회 2주연속 부흥성회가 열렸다. 오직 믿음으로 행군한 결과였기에 부흥성회 첫날 감격과 감동이 더했다.

하나님께서는 요한복음 3장 6절을 본문으로 '육과 영'에 관해 열다섯 편의 말씀을 주셨다. 성도들이 육과 영을 분별하여 육을 버리고 영의 사람으로 변화되도록 생명의 말씀으로 함께하셨고, 숱한 치료 역사가 나타나 하나님께 영광 돌렸다.

잉태의 축복으로 일본에 교회가 세워지다

나는 아픈 환자를 볼 때 이런 기도를 올리곤 했다.

"하나님! 저 성도의 고통을 제가 대신 받고 저분은 낫게 해 주세요."

질병으로 처절한 고통을 겪어 보았기에 환자를 보면 그들의 아픔이 내 마음 깊이 전해 왔기에 할 수만 있으면 내가 대신 아프면 좋겠다는 마음이 간절했다. 간혹 죄를 짓는 성도를 볼 때에도 마찬가지이다. 그들이 회개하고 구원받을 수 있다면 기꺼이 생명을 바칠 마음이었다.

"하나님! 저를 지금 데려가 성도들이 죄 짓지 않을 수 있다면 그렇게 해 주세요. 모두 구원받게 해 주세요."

모세 선지자는 하늘나라 생명책에서 이름이 지워져 지옥에 갈지라도 이스라엘 백성이 구원받기를 원하였다(출 32:32). 사도 바울은 자신이 저주받아 그리스도에게서 끊어질지라도 동족이 구원받기를 원한다(롬 9:3)는 사랑의 고백을 하였다. 이러한 영적 사랑을 본받아 나도 자신을 희생하여 성도들이 참 생명을 얻을 수 있다면 기꺼이 그 편을 선택할 마음이다.

　새 성전 완공 후 치른 부흥성회에서 환자들만 해도 1천여 명 넘게 등록했다. 날마다 '환자를 위한 특별집회'가 있었고 그들에게 일일이 안수했다. 두 시간 넘게 진액을 쏟아 기도해 주다 보면 어느새 저녁 집회 시간이 가까웠다. 심장이 터질 듯한 애끓는 기도에 하나님께서 급히 응답하신듯 날마다 불같은 성령의 역사가 나타났다.

　2주 동안 매일 강행군이었지만 한 사람이라도 더 치료받도록 하나님의 긍휼을 바라며 부르짖어 기도하니 각종 불치병, 희귀병 환자들이 그 자리에서 치료됐다. 폐암, 자궁암, 후두암 등 각종 암 세포가 태워지고, 뇌성마비로 뒤틀린 몸이 풀려 정상인이 되었다.

　이 집회에 일본 민단 야마가타 현 본부 사무국장으로 근무하는 주제규 집사 부부 얼굴이 보였다. 이 부부는 작년에 이어 다시 한 번 하나님의 기적을 체험하였는데 이 자리에 오기까지는 사연이 있었다.

　1995년 5월, 주 집사의 아내가 고열과 심한 두통으로 한밤중에 갑자기 고통스러워했다. 다음 날 한국 출장을 가야 하는 주 집사는 아내와 함께 서울에 와서 진단을 받았다. 진단 결과 '진주종 중이염'으로 판명되었다. 의사는 급히 수술을 권했다. 청력을 완전히 잃을 수 있고, 뇌막염으로 발전할 수 있는 위험한 상태였다. 아내 최윤영 집사는 초등학교 때부터 중이염을 앓았다. 귀에서는 항상 고름이 흘러나오고 계속 약을 복용해 왔다.

　친정어머니 권유로 우리 교회 주일예배에 참석한 최윤영 집사는 나를 찾아왔다. 그녀는 나에게 기도받는 순간 몸 전체가 박하 향처럼 시원해

주제규 집사 가족

지고 통증이 사라졌다고 간증하였다. 그 후 귓속에서 진물이 더 이상 나오지 않았으며 두통과 여러 후유증까지 깨끗하게 치료됐다. 또 다음 날부터 부흥성회에 참석하여 통회자복하고 방언 은사도 받았다. 1995년 6월, 하나님 은혜로 진주종 중이염이라는 난치병을 깨끗이 치료받고 돌아갔던 것이다.

이 부부는 하나님 은혜에 감사하며 성령으로 충만하였다. 최윤영 집사가 일본에 돌아가 몸에 이상을 느끼고 3주 후에 병원에 가니 임신이라고 하였다. 1991년에 결혼한 후 심장병 수술까지 받아 몸이 쇠약했기에 의사는 "앞으로 임신하기 어렵고 임신해도 위험하니 출산할 생각을 하지 말라"는 진단을 내렸다.

결혼한 지 5년, 심장병 수술을 받고 8개월밖에 안 되었지만 잉태도 축복의 선물임을 확신하고 출산을 결심하였다. 1996년 3월, 첫아들 시영이를 낳았다.

기쁨도 잠시 혈액 검사 결과 아이는 크레틴 병에 걸려 있었다. 호르몬 결핍으로 평생 호르몬제를 복용해야 정상 성장이 가능한 난치병이었다. 만일 호르몬제를 먹지 않으면 하체가 성장하지 않고 머리만 커져 기형이 되며 생명까지 잃는 무서운 병이다.

1996년 5월, 이 부부는 작정 기도를 하면서 시영이의 병을 치료받기 위해 준비했다. 부흥성회에 참석하고자 1년 만에 다시 온 이 부부는 말씀에 은혜받으며, 환자 기도를 통해 시영이 병이 치료됨을 확신하였다. 이 부부는 시영이에게 투약을 중지하고 하나님께 기도하며 모든 것을 맡겼다. 일본에 돌아간 후 시영이는 건강하게 성장하였다. 몇 개월 후 병원에 가서 진단받으니 호르몬 수치가 정상이었다.

이 부부는 충만한 은혜 속에 주변에 복음을 전하며 기도를 쉬지 않았다. 1997년 7월, 주제규 집사 가정에서 여섯 명이 모여 첫 예배를 드렸다. 그 후 점점 인원이 늘어 선교사 파송을 요청했다. 그리하여 1998년 9월, 장강섭 목사를 파송하였는데 현재 야마가타 현에 큰 교회를 세우고 아름답게 사역하고 있다.

해외선교의 지평이 확대되고

미국 워싱턴을 시작으로 미주 지역에 내 이름이 알려지면서 해마다 강사로 와 달라는 초청이 계속되었다. 1996년 2월, 하와이 한인기독교 교회협의회 주최로 열린 하와이 한인연합성회 및 목회자세미나에서 말씀을 전하게 되었다.

2월 11일부터 14일까지 호놀룰루 한인 침례교회에서 '새롭게 하소서'라는 주제로 집회가 열렸다.

나는 하와이가 전에 이승만 대통령이 교회를 세우고 활동한 지역이기에 교회마다 신앙이 뜨거울 줄로 생각했다. 그런데 막상 와 보니 교회도 많지 않고 어려움이 많이 있었다. 현지 목회자들에 의하면 주의 종과 양 떼 사이에 분쟁으로 문을 닫는 교회가 많다고 했다.

그때 집회를 주최한 하와이 기독교 교회협의회는 성공회 소속 박요한 신부가 회장이었다. 시를 쓴다는 이분은 다소 과묵해 보였는데 집회 첫 시간부터 은혜를 많이 받는 모습이었다.

하와이 연합성회

분쟁을 겪던 교회가 변하여

3일 동안 '예수가 왜 우리의 구세주가 되는가', '육적인 믿음과 영적인 믿음', '인자의 살과 피를 먹고 마셔야 영생'이라는 설교를 하였다. 그런데 집회 장소를 제공한 교회는 그동안 분쟁으로 양 떼가 많이 떠나 30명 정도 남아 있는 형편이었다.

처음에는 성도들이 교회 빌려주는 것을 반대했다고 한다. 그러나 막상 집회 첫 시간을 마치니 성도들이 은혜를 받아 떡을 만들어 온다, 귀한 것으로 대접한다면서 태도가 달라졌다.

워싱턴 대전도대회

집회가 모두 끝난 후 담임교역자인 Y 목사는 눈물을 닦으며 "내가 교만했기 때문에 교회가 이렇게 되었습니다. 전부 내 탓입니다."라고 고백하였다. 담임목사가 모든 것을 자신의 탓으로 돌리고 성도들 역시 변화되니 하나님께서 이 교회의 모든 문제를 해결하고 아름답게 인도해 주실 것을 믿으며 감사드렸다.

이 기간 동안 목회자 세미나가 두 번에 걸쳐 진행되었다. 나는 목회자들에게 할 수 있다는 자신감을 심어 주고자 노력하였다. 세미나를 마친 후 "양 떼가 잘못한 것이 아니라 전부 내가 잘못했습니다. 내가 악한 탓입니다."라고 연로한 목사님이 눈물 흘리며 고백하기도 했다.

어떤 목회자는 "나는 더 이상 물러설 곳이 없기에 차라리 죽어야겠다고 생각했는데 이제는 은혜받고 능력받았기에 자신감이 생겼습니다. 이제는 할 수 있습니다."라는 말을 남겼다. 그런가 하면 어떤 목회자는 "그동안 나는 영적 스승으로 자부했는데 이제 처음부터 다시 배우겠습니다." 라고 겸손하게 심정을 밝혀 감동적이었다.

모든 집회 일정을 마치고 출발하는 날 목회자들과 작별 인사를 나누었다. 박요한 신부는 "2천 년 전 성경을 통해서만 들었던 사도들의 모습을 목사님을 통해 보았습니다."라며 작별을 아쉬워했다. 여러 교역자가 공항까지 나와 눈물지으며 헤어지는 것을 아쉬워하는 모습에 가슴이 뭉클하였다.

꿈을 통해 치료되니 후원자가 되어

1997년 9월 26일부터 28일까지 워싱턴 기독교복음방송국 주최 대전도대회가 '주여, 워싱턴과 볼티모어를 새롭게 하소서'라는 주제로 버지니아 주 S제일교회에서 개최되었다.

이 집회는 워싱턴과 메릴랜드, 버지니아 주는 물론 뉴욕, 캐나다 토론토 등지의 교포가 많이 참석하였다. 나는 '예수가 왜 우리의 구세주가 되시는가', '육적인 믿음과 영적인 믿음', '인자의 살을 먹고 피를 마셔야 영생'이라는 주제로 말씀을 증거했다.

성회 기간 중에 열린 교역자 세미나에서 '교회 성장의 비결'에 대해 말씀을 증거하였는데 초교파적으로 모여 성황을 이루었다.

다음 날 9월 29일, 메릴랜드 지역 한인교회협의회 주최로 「한미 연합성회」가 볼티모어 한인연합 장로교회에서 열렸다. 이 집회는 볼티모어 지역에 거주하는 한인뿐 아니라 현지인 1,500여 명이 모인 인종화합의 장이 되었다.

그런데 이 집회에 나를 강사로 서지 못하게 하는 훼방이 있었다. L목사 교회에서 집회가 예정되었는데 그는 나에 관한 비방을 듣고 오해하여 내가 강사로 서는 것을 반대하였다. 물론 자신의 교회를 집회 장소로 내주는 것도 원치 않았다.

이때 하나님께서 L목사의 꿈을 통해 사단의 훼방을 물리치셨다. L목사는 척추에 지병이 있어 10여 개의 철핀을 박아 놓은 상태이기에 평소 허리 통증이 심했다. 그런데 집회를 앞두고 꿈에 내가 나타나 아스피린을 건네주었다고 한다.

꿈을 깬 후 신기하게도 모든 통증이 사라지고 치료받은 것을 안 L목사는 매우 놀랐다. 이 체험을 한 후 L목사는 "이 집회가 열리는 것이 하나님의 뜻입니다. 이재록 목사는 보통 분이 아니고 하나님이 함께하는 종입니다." 하면서 오히려 다른 목회자들을 설득하여 집회가 성공적으로 열릴 수 있도록 도왔다.

백향목으로 건축된 L목사의 아름다운 교회에서 예정대로 집회가 열렸다. L목사는 나를 처음 만나는 자리에서 꿈속에서 본 모습과 너무 똑같다며 놀라움을 금치 못했고, 우리 팀을 환대하였다. 나는 이 날 '주 안에서 하나 되자'라는 설교를 하였다. 한인과 흑인 간의 갈등 해소는 오직 주 안에서 이루어질 수 있기에 서로 이해하고 주님의 사랑으로 인종의 벽을 뛰어넘자고 당부하였다. 이 집회에서 지역 발전

과 인종 간의 갈등 해소에 대한 공로를 인정받아 메릴랜드 주지사로
부터 감사패와 볼티모어 시장으로부터 명예시민증을 받았다. 이 모
든 것이 하나님의 은혜였다.

영적으로 갈급한 아르헨티나 목회자들

1996년 7월 21일부터 23일까지 아르헨티나 교계 주요 단체의 후원
으로 부에노스아이레스에서 '교회 성장의 비결'이라는 목회자 세미나
와 한인 교포를 대상으로 집회를 치렀다. 주최 측에서 처음에는 300
명의 목회자가 참석할 것을 예상하여 준비했는데 막상 당일에 천 명
이 넘어 현지에서 가장 큰 교회로 장소를 옮겼다.

목회자들의 사모함과 갈급함이 얼마나 대단한지 점심도 거른 채 오
후 3시까지 세미나가 계속되었다. 말씀을 계속 듣기 원하는 목회자들
의 사모함이 끝이 없기에 다음에 다시 해 주겠다고 약속한 후 겨우
마칠 수 있었다. 뜨거운 호응 속에 세미나는 이들의 요청으로 다음
해에 다시 열렸다.

1997년 10월 15일부터 16일까지 아르헨티나 수도 부에노스아이레
스에 있는 마딴사 국립대학에서 '제2회 목회자 세미나와 부흥성회'가
진행되었는데 연인원 8천 명이 참석하였다.

부흥성회 순서를 담당한 주 아르헨티나 대사는 "복음을 수출하는
한국 교회의 뜨거운 신앙을 이곳 아르헨티나까지 생생하게 전한 이재
록 목사에게 감사드린다."고 했다. 그는 이 집회가 민간 외교 차원에
서 큰 성과를 거두었다고 평가했다.

아르헨티나 목회자 세미나(1996)

헌당기념식에서 바렐라 시장과 함께

아르헨티나 부흥성회(1997)

이번 집회에서도 뜨거운 성령의 역사 속에 많은 사람이 치유됐다. 특히 아르헨티나 기독교 교회협의회연맹 회장 에두아도르 레시오 목사가 기도를 받은 후 지병인 피부암과 위장병을 치료받아 하나님께 영광 돌렸다.

절망으로 무너진 삶이 희망으로

인생의 굴곡은 누구에게나 있게 마련이다. 더구나 불치, 난치병에 걸리든지, 혹은 너무 늦게 발견하여 시기를 놓쳐 의학으로도 해결할 수 없는 질병으로 고통당하는 사람은 절망적이 되기 쉽다. 하지만 상한 갈대를 꺾지 않고 꺼져 가는 심지를 끄지 않는 하나님의 사랑은 믿음으로 행군하는 사람 앞에 늘 기적을 베풀어 주시는 것을 목도한다.

3kg 혹이 사라지고

여수에서 사는 강순심 집사는 전도를 받고 여수 만민교회에 출석하였다. 1997년 6월, 아랫배에서 달걀만한 혹이 만져졌다. 아침에 일어나면 몸이 붓고 아랫배가 묵직하고 당기며, 숨이 차서 걷기 힘들었다.

6월 14일, 전남 병원에서 진단 결과 뱃속에 3kg 정도의 큰 혹이 발견되었다. '자궁평활근종'으로 자궁암 말기라고 하였다. 수술하여 혹을 제거해도 주위에 10여 개의 잔뿌리가 뻗어 치유하기 어렵다는 사형선고를 받은 것이다. 누군가 부축해야 겨우 걸을 수 있었던 강 집사는 누우면 배가 들어가는 것이 아니라 오히려 배가 나오고 단단한 혹이 만져졌다. 그녀는 회생 가능성이 없는 수술을 선택하는 대신 음성전화사서함 기도를 받으면서 하나님의 긍휼을 구하였다. 그동안 여수 만민교회에 다니면서 늘 하나님의 역사를 보고 들었기에 하나님께 의지하면 치료받을 수 있다는 믿음이 온 것이다.

2년 전인 1995년 5월, 강순심 집사는 시고모인 김음전 할머니를 전도하여 제3회 부흥성회에 참석한 적이 있다. 이 할머니는 허리에 물렁뼈 두 개가 없고 허리가 기역(ㄱ)자로 바짝 굽은 상태였기에 10년 동안 제대로 걸을 수 없는 고통스러운 삶을 살고 있었다. 그런데 의학으로 치유되지 않던 허리가 부흥성회에 참석하여 단 한 번 기도받고 쭉 펴진 것이다. 그 후 김음전 할머니는 허리를 곧게 펴고 편안하게 걸어다닌다.

1997년 6월 25일, 내가 울산 만민교회 새 성전 입당예배 집회를 인도한다는 소식을 듣고 강 집사도 집회에 참석하였다. 나에게 기도받으면 꼭 나을 수 있다는 믿음이 있었다고 하는데 하나님께서 이 믿음대로 치유하셨다. 기도받는 순간 성령의 불로 역사하신 것이다. 그 후 뱃속에 있던 혹이 더 이상 만져지지 않고, 그동안의 증상이 다 사라졌다. 한 달 후 병원에 갔더니 의사는 혹이 없어져 깜짝 놀랐다고 한다.

"어느새 수술받아 혹을 제거했어요?"

"수술받은 것이 아니라 목사님 기도받고 치료됐어요. 하나님이 치료해 주셨어요."

강 집사는 건강을 완전히 회복하고 주의 일에 헌신하는 일꾼으로 변하였다.

농약 중독을 치료받고 21년 만에 잉태의 축복도

울산 만민교회 입당예배에 병원 환자복을 입고 온 김옥자 성도가 있었는데 이 여인에게는 딱한 사정이 있었다. 그녀는 전남 화순에서 태어나 18세에 결혼하여 농사를 지으며 살았다. 그런데 사고를 당해 아기를 가질 수 없는 몸이라 삶을 비관하며 죄책감 속에 살았다.

가정불화 속에 살던 그녀는 1997년 6월 17일, 가족과 다투다가 홧김

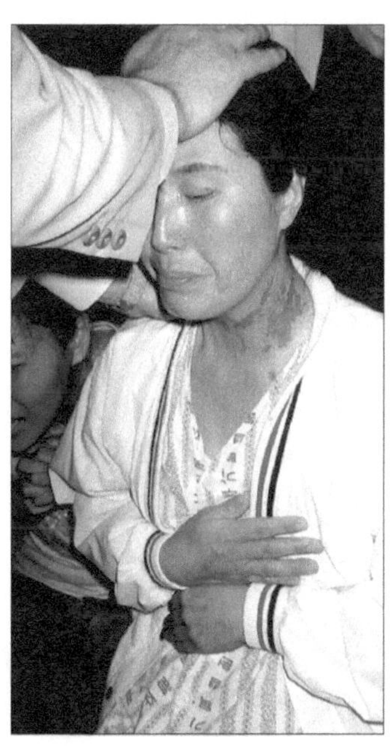

농약 중독을 치료받고 결혼 21년 만에 아들을 낳은 김옥자 집사

에 그라목손이라는 농약 한 병을 다 마시고 말았다. 놀란 가족이 구급차에 실어 병원으로 갔다. 의사가 말하기를 그라목손은 독성이 강해 입에 대기만 해도 사망하기 쉽고, 특별한 해독제가 없으니 앞으로 길어야 15일 정도 살 수 있다며 임종을 준비하라고 했다. 이때 광주 만민교회에서 신앙생활을 하는 동생이 누나에게 전도하면서 '십자가의 도' 말씀 테이프를 들려 주고 '음성전화사서함' 기도를 받게 했다.

또한 교역자와 성도들이 사랑으로 보살피며 믿음을 심어 주니 점차 삶의 의욕을 갖게 되어 6월 25일, 울산 만민교회에 찾아왔다. 이날 기도를 받을 때 그녀는 땀을 줄줄 흘렸다. 집회를 마치고 광주로 돌아오는 길에도 옷이 흠뻑 젖을 정도로 땀이 흘렀으며 몸이 뜨겁고 고통이 멈추질 않았다고 한다. 후에 알았는데 땀을 많이 흘리고 몸이 뜨거운 이유는 성령의 불로 독성을 태워 해독되기 때문이었다.

다음 날 아침, 기적이 일어났다. 통증이 서서히 사라지고, 온몸과 마음이 평안해진 것이다. 갑작스런 호전에 병원에서도 깜짝 놀라 정밀검사를 해 보니 심하게 손상된 식도와 썩은 간과 폐 등 모든 신체 기능이 정상으로 회복되었다. 또한 농약을 마실 때 왼쪽 눈에 튀어 눈동자가 녹아 거의 없는 상태였다. 왼쪽 눈을 실명하거나 비정상이 될 것이라는 진단을 받았는데 기도받고 며칠 후 눈도 깨끗이 치료되었다.

1997년 11월, 그녀는 광주 만민교회 성도들과 함께 금요철야예배를 드리기 위해 서울에 올라와 다시 한 번 기도를 받았다. 그런데 한 달 후 몸에 이상을 느껴 산부인과에 가보니 임신이라고 했다. 임신할 수 없는 몸인데 하나님의 축복으로 21년 만에 임신한 것이다.

아기를 가질 수 없어 그동안 많은 설움을 겪으며 말못할 상처를 갖고 있었는데 하나님께서 손대니 한순간에 치유된 것이다. 그 후 김옥자 집사는 아들을 낳아 행복하게 살고 있다.

음성전화사서함 기도를 통해서도 성령의 역사가

전지전능한 하나님의 역사는 무생물 기계를 통해서도 거침없이 나타났다. 조일곤 집사 부부는 은혜에 감사하여 음성정보 서비스 일종인 '음성전화사서함'을 교회에 헌물하였다. 그는 우리 교회에 나와 신앙생활을 하면서 딸은 중이염을, 자신은 만성 피부염을 깨끗이 치료받았기 때문이다. 하나님께서는 음성전화사서함 기도를 통해 강한 성령의 역사를 나타내셨다.

1996년, 이달용 집사의 가정에 생긴 일이다. 동생 이복순 자매가 2개월 된 아기 징덱이를 돌보고 있있다. 그런데 거봉 포도 일갱이가 아기 입 안으로 들어가는 사건이 일어났다. 순간 아기는 얼굴이 새파랗게 질리고 호흡 곤란과 함께 의식을 잃었다. 기도로 잘못 들어가 심한 흡입성 폐렴을 유발시킨 것이다.

놀란 이복순 자매와 아기 엄마가 급히 병원 중환자실에 갔다. 검진 결과 포도 알갱이가 오른쪽 폐로 들어가 피가 고여 제 기능을 못하며, 왼쪽 폐는 비대해져 호흡 곤란으로 뇌에 치명적이라는 것이다.

중환자실에서 아기는 눈에 초점이 흐려지고 망막이 마르면서 의식이 희미했다. 산소마스크도 소용없이 호흡을 멈추었다. 전기충격으로 심장이 약하게 뛰었지만, 30분이 채 안 되어 멈추기를 반복하였다. 이달

하나님 은혜로 살아난
이달용 집사 아들 정택이(1996)

현재 믿음 안에서
건강하게 성장하고 있다

용 집사는 삼성의료원으로 옮기고자 했지만 의사가 반대했다. 혹시 아기가 살아도 뇌가 이미 변성되어 정신박약이나 지체장애가 될 수밖에 없다면서 아기를 고생시키지 말라고 권했다.

우여곡절 끝에 아기의 생사여부를 책임질 수 없다는 조건으로 삼성의료원에 입원시켰지만 심한 탈수현상으로 혈관을 찾지 못해 주사를 놓을 수 없었다. 의사는 아기가 너무 어려 수술할 수 없으니 살아날 가능성이 희박하다는 진단을 내렸다. 그때 이 부부는 하나님을 믿지 않았지만 동생인 이복순 자매의 권유로 음성전화사서함 기도를 받았다. 이복순 자매가 삼 일 금식하며 기도하니, 이달용 집사도 지푸라기를 잡는 심정으로 삼 일 금식하면서 매일 음성전화사서함 기도를 받았다.

이때부터 아기는 점점 생기를 되찾았다. 삼일 금식이 끝날 무렵 중환자실에 있던 아기를 일반병실로 옮겼다. 입원한 지 일주일 만에 죽을 수밖에 없는 아기가 살아난 것이다. 혹시 살아도 정상이 될 수 없다 했는데 뇌 검사 결과도 정상이고, 폐 속에 있던 포도 찌끼까지 깨끗이 사라졌다. 하나님께서 성령의 불로 녹여 주신 것이다. 의사는 영문을 모른 채 의아해 했다.

이 사건을 통해 하나님의 사랑과 전지전능하심을 믿게 된 이달용 집사 부부는 신앙생활을 시작했다. 아들 정택이는 교회뿐 아니라 학교에서도 모범생으로서 사랑받는 어린이로 성장하고 있다.

전국에 송출되는 화상예배에서도

한편, 예배 실황이 무궁화 위성으로 전국에 송출되기시작하여 지방에 있는 지교회에서도 화상예배를 통해 동일한 성령의 역사가 나타났다. 1998년 7월, 경남 창원에 사는 신은경 자매는 마산 만민교회에 처음 참석한 날 질병을 치유받았다.

"은경아, 내가 마산 만민교회에 가서 예배드렸는데 마음이 편안하고 좋더라. 너도 나랑 함께 가보자."

중학교 2학년인 신 자매는 신앙생활을 하지 않는 어머니가 갑자기 교회에 가자고 하니 신기할 뿐이었다. 그래서 어머니와 함께 마산 만민교회에 출석하기 시작했다. 자매는 초등학교 3학년 때부터 신경성노이로제와 무기력증, 식욕부진, 위염, 두통에 시달렸다. 몸이 약해 학업을 계속하기 어려울 정도였다. 초등학교 4학년 때에는 갑자기 호흡곤란이 와 가슴을 두드리다가 기절하여 병원에 실려 간 적도 있었다.

중학교 때에는 대상포진까지 겹쳐 온몸이 간지럽고 따가우며 머리가 깨질 듯한 고통으로 잠이 들 수 없었다고 한다. 얼마나 말랐는지 뼈만 앙상하게 남은 몰골이었다. 약을 먹고 병원에 다녔지만 별다른 차도가 없어서 가족의 고충도 클 수밖에 없었다. 어릴 때부터 교회에 다녔지만 참 믿음이 없고 몸이 아프니 삶에 희망도 없었다.

1998년 7월 12일, 마산 만민교회 주일예배에 참석하여 화상예배를 드리다가 설교 후 환자를 위한 기도 시간에 아픈 부위에 손을 얹고 기도받았다. 그 순간 하나님께서 성령의 불로 모든 병을 깨끗이 치유하셨다. 그동안 고통스럽던 증상이 싹 사라진 것이다. 자매는 그 뒤 약 한 번 먹지 않고 건강한 생활을 하며 현재 찬양 사역자로 활동하고 있다.

IMF가 올 것을 주관받아 긴축을 역설하며

1997년 11월 2일, 주일예배 시간에 "교회 안내실에 토큰을 비치해 두었으니 교통비가 없으면 자유롭게 사용하세요."라고 광고하였다.

그때만 해도 우리 사회는 IMF라는 단어가 생소했다. 나도 IMF를 몰랐지만 앞으로 나라 경제가 어려워질 것을 하나님께서 일러 주셨기에 형편이 어려운 성도를 위해 우선 교통비를 지원하였다.

한 달이 채 안 되어 언론에서 IMF 시대가 도래하였음을 보도하였다. 1997년 11월 21일, 국가 부도 위기에 몰리자 정부가 IMF에 구제 금융을 신청하면서 한국 경제는 격변의 소용돌이에 빠져들었다. 그동안 고성장을 구가하던 기업들이 연쇄 도산하면서 수많은 사람이 일자리를 잃고 길거리로 내몰린 것이다.

나도 생활 속에서 긴축하기에 힘썼다. 가족에게 식사 때마다 세 가지 이상 반찬을 놓지 않게 하고 시장에 세 번 갈 것을 한 번만 가라고 당부했다. 성도들 가정이 어려우니 나부터 근검절약하는 것이 당연하기 때문이다.

우리 사회에 경제 위기가 올 것을 안 것은 훨씬 전이었다. 1995년 12월, 하나님께서 앞으로 우리나라에 경제 위기가 올 것을 알려 주시면서 긴축하라고 하셨다.

그래서 1996년 1월 28일, 직원헌신예배 때 '긴축을 통한 축복'을 설교하며 교회 분야마다 긴축할 것을 당부하였다. 개척 후 나는 교회에서 매달 받는 사례비나 목회 활동비 등 어떤 명목으로 주어지는 경비일지라도 그대로 헌금으로 드렸다.

기도를 통해 치료받고 은혜 입은 사람들이 감사 표시를 하면 나는 그것을 모아 구제와 선교헌금으로 하나님 앞에 드렸다. 하나님께서 많은 물질의 축복을 주셨지만 절약하고 긴축하는 습관을 생활화하였다. 한 푼이라도 아껴야 한 사람이라도 더 구제하고 선교할 수 있기 때문이다.

그때 교회 역시 여유가 없었지만 농어촌 개척교회, 미자립 교회 등 지원 요청을 하는 곳에는 적은 액수일지라도 교파를 초월하여 지원했다. 우리 교회 성도들 가운데 굶주리거나 학비가 없어 공부를 하지 못하는 학생이 없도록 최대한 구제하며 장학 사업을 해 왔다.

창립 15주년 기념예배에서

1997년 10월 12일, 창립 15주년을 축하하기 위해 많은 손님이 참석하였다. 그때 아태평화재단 이사 이희호 장로가 참석해 축하해 주었다. 해를 거듭할수록 교계 연합 사역과 후원 요청이 점점 커지기에 교회 예능 팀도 분주한 한 해를 보냈다. 1998년 2월 5일, 나는 오산리 최사실 금식기도원에 강사로 초청받아 설교했다. 5월 19일에는 검찰복음화협의회 실무대회장으로 '자녀 안심하고 학교보내기운동 전국기독교대회'에 참석하였다.

우리 교회 닛시오케스트라도 교계에 알려져 초청이 쇄도하였다. 잠실주경기장에서 열린 국난극복 비상구국 기도대성회, 불우 장애인을 위한 자선음악회, 검찰복음화협의회 주최 사랑의 찬양 콘서트, 기독교방송 주최 제15회 선교합창단 대축제 부활절 기념음악회, 기독교방송 창사 44주년 기념식 및 CBS 비전 21대회, 전국 지방도시 순회공연 등에 참가하는 다양한 활동을 펼쳤다.

창립 15주년 기념식에 참석한 아태평화재단 이사 이희호 장로

극동방송과 기독교 방송을 비롯하여 미국, 러시아, 캐나다, 호주 등
해외 곳곳에 내 설교가 한 주간에 900여 분 방송되었다. 1998년 8월에
는 인터넷 생방송을 시작하여 이를 통해서도 치료 역사가 많이 나타났
다. 국내에서는 전국 지역 성전에서 1996년 12월부터 무궁화 위성을 통
한 동시화상예배를 드렸다.

자녀 안심하고 학교보내기운동 전국기독교대회에서

2002 월드컵선교단 취임예배에서

교계 다양한 봉사활동을 하는 닛시오케스트라

알곡을 원하시는 하나님

국내와 세계 선교를 확장하는 것도 중요하지만 무엇보다 사역의 핵심은 알곡 성도로 양육하는 것이다.

"손에 키를 들고 자기의 타작 마당을 정하게 하사 알곡은 모아 곡간에 들이고 쭉정이는 꺼지지 않는 불에 태우시리라"(마 3:12)

하나님께서는 그의 자녀가 참된 알곡으로 변화되기를 원하시며 오늘도 인간 경작의 역사를 펼치고 있다. 신앙인이라면 과연 자신이 하나님을 사랑하며 말씀대로 사는 알곡인지, 세상을 사랑하여 육신의 정욕과 안목의 정욕, 그리고 이생의 자랑 속에 죄와 적당히 타협하는 쭉정이인지 분별할 수 있어야 한다.

알곡은 영원한 생명을 얻어 천국에 갈 수 있지만, 쭉정이는 지옥 불에 들어가 영원히 고통받기 때문이다. 우리가 천국에 가면 믿음과 행함에 따라 처소가 다르고 영광이 다름이 성경 곳곳에 명시되어 있다.

사도 바울은 고린도전서 15장에서 부활에 대하여 "해의 영광도 다르

며 달의 영광도 다르며 별의 영광도 다른데 별과 별의 영광이 다르도
다"(고전 15:41) 고 하였다. 이 땅에서 각 사람의 행함에 따라 해의 영
광을, 달의 영광을, 별의 영광을, 별과 별의 영광을 받는 것이다.

하나님을 사랑하는 것은

예수님께서는 "너희가 나를 사랑하면 나의 계명을 지키리라"(요
14:15)고 말씀하셨다. 하나님 말씀에 따라 하라는 것은 하고, 하지 말라
는 것은 안 하고, 버리라는 것은 버리며 계명을 지킨다는 의미이다.

하나님을 경외하는 것은 악을 미워하는 것이므로(잠 8:13), 진심으로
하나님을 사랑하는 사람은 악의 모양을 모두 버린다(살전 5:22). 이렇
게 빛 가운데 말씀대로 살면 주님의 마음으로 변화되어 영의 사람이 될
수 있다. 나아가 온 집에 충성하여 온 영으로 성장하면 새 예루살렘에
들어갈 수 있는 자격을 얻는다.

어린 시절 일이다. 어머니가 무거운 짐을 머리에 이고 아침 일찍 장에
가셨다. 가까운 시골 장이라 해도 장성이나 광주까지 가야 하기에 왕복
30리, 60리 길이었다. 5,6세 무렵, 나는 어머니가 장에 갈 때면 부지런
히 앞장서곤 했다. 아침 일찍부터 저녁 늦게까지 하루 종일 걸어야 하지
만 다리 아픈 기색을 하지 않았다. 집에 혼자 있기보다 어머니와 함께
있는 것이 더 좋았기 때문이다.

시골 장에는 재미있는 볼거리가 많은데 무엇보다 내 시선을 잡아끄는
것은 엿장수의 엿판이었다. 커다란 엿을 보면 저절로 군침이 꼴깍 넘어

갔다. 간식이라곤 고구마와 옥수수뿐이고 그것도 귀한 배고픈 시절이었다. 어머니가 이러한 어린 아들의 마음을 모를 리 없었다.

"재록아! 엿 먹을래?"

어머니는 주머니에 꼬깃꼬깃 넣어 둔 일 원짜리를 꺼내려 하였다. 그 순간 나는 "어머니, 먹고 싶지 않아요. 빨리 가요." 하고 얼른 손을 잡아 끌었다. 당시 일 원이면 엿 한 개를 살 수 있었다. 버스 값을 아끼려고 그 먼 길을 걸어 다니시는 어머니에게 일 원이 얼마나 큰 돈인지 알았기에 그토록 먹고 싶은 엿이지만 참았던 것이다.

어린 시절에 나는 부모님의 근심을 사지 않고, 어찌하든 기쁘게 해 드리고자 애를 썼다. 그런데 하나님을 만나는 체험을 하고 나니 하나님께서 싫어하는 악이나 비진리를 마음에서 용납할 수가 없었다.

내 안에 하나님이 싫어하는 악이 있다면 하나님께서 보실 때 얼마나 근심하고 마음 아파하시겠는가? 하나님을 기쁘게 해 드리고자 어찌하든 금식하고 기도하면서 악을 버려나갔던 것이다.

제2장

누구의 말을 듣는 것이 옳은가?

세 차례 시험이 시작되다

- 앞일을 보여 주신 하나님
- 열리는 영의 세계
- 배신하고 훼방한 이들을 위해서 눈물로 간구하며
- 첫 번째 시험이 시작되고
- 환자 집회를 열게 하신 섭리는
- 두루마기를 빠는 성도들로 훈련하신 하나님

앞일을 보여 주신 하나님

1998년 새해를 맞이하는 송구영신예배를 드릴 때부터 눈물이 마를 날이 없었다. 나는 단에서 설교하다 자주 눈물을 흘렸다. 이 눈물은 1년여 동안 계속되었다. 하나님께서 앞으로 교회에 시험이 올 것과 사심을 품고 배신할 사람이 생겨날 것을 알려 주었기에 애통하며 기도할 수밖에 없었다.

하나님께서는 세 차례 시험을 통해 가라지를 뽑아 내고 알곡과 쭉정이를 가르겠다고 하셨다. 성결한 하나님 자녀를 통해 세계 선교를 이루고 대성전을 건축하려는 섭리였다.

1998년 5월, 부흥성회가 끝난 후 앞으로 마지막 때 섭리 가운데 지을 대성전과 휴거된 후의 장면을 환상으로 보여 주셨다. 대성전이 건축되어 그 안에서 수많은 사람이 예배드리는 모습이 보였다. 순간 대성전 천장이 십자가형으로 열리고 많은 사람이 그곳으로 휴거되어 올라갔다. 휴거된 사람은 하얀 세마포 옷을 입은 신령한 몸으로 바뀌었다.

그런데 휴거되지 못하고 이 땅에 남은 사람들이 보였다. 그들은 자신이 휴거되지 못함을 알고 한동안 망연자실하다 낙담한 나머지 기절하는가 하면, 어떤 사람은 땅을 치며 통곡하였다. 그 중에는 같이 사역한 머리 급 주의 종과 일꾼의 얼굴이 보였다. 물론 나는 그들이 왜 그런지 알고 있었다. 나름대로 신앙생활을 했지만 하나님 보시기에 알곡이 아니고 쭉정이기 때문이다.

이 땅에 남은 사람들은 하나님 앞에 가슴을 찢으며 회개하지만 이미 구원의 문은 닫힌 상태였다. 이들은 이삭 줍기 구원이라도 바라고대성전에 모여 예배드리며 기도하고 찬양하였다. 하지만 이미 성령 시대가 끝났기에 아무 은혜도 체험할 수 없었다. 마귀가 주관하는 악의 세상으로 변하고, 성령의 도움을 받을 수 없는 것이다.

하늘에서는 혼인잔치가, 이 땅에는 환난이

알곡 성도는 휴거되어 신랑 되신 주님을 만나 공중에서 7년 혼인잔치를 하며 꿈 같은 순간을 보내는 동안 이 땅에서는 7년 환난이 시작된다. 이때에는 요한계시록에 기록된 대로 강대국들이 그동안 경쟁적으로 준비한 핵과 화학무기가 위력을 발휘하는 3차 대전이 일어난다. 지구는 이전에도 이후에도 없을 엄청난 환난에 직면하는 것이다.

우리 교회에서 지은 대성전은 악의 무리가 장악하여 고문 장소로 사용하고 있었다. 3차 대전 참화 속에서 가까스로 살아남아도 7년 환난 때에는 적그리스도가 출현하고 철저한 통제 아래 오른손이나 이마에 짐승의 표 666을 받지 않으면 매매를 못하고 살아갈 수 없다(계 13: 16-18).

666표가 지옥 티켓과 다름없기에 지옥의 참상을 들어서 아는 사람들은 이 표를 받지 않으려고 산 속으로 숨거나 도망간다. 그러나 집요한 추적 끝에 잡히고, 666을 거부하면 고문을 당한다. 하나님께서 고문받는 장면을 보여 주는데 최첨단 장비로 만든 무시무시한 기구였다. 어떤 사람은 고문을 이기지 못하고 결국 예수를 부인하며 666표를 받았다. 예수를 부인하면 사망이요, 더 이상 구원받지 못한다는 사실을 알면서도 극한 고문을 이겨 내지 못한 것이다.

내 앞에서 사랑하는 자녀나 부모가 상상하기 어려운 처참한 고문을 받는다고 생각해 보라. 그러한 고통을 이기고 끝까지 예수를 부인하지 않고 순교하는 것은 극히 어려운 일이다. 이 고문을 이겨 내고 순교한 사람은 부끄러운 이삭줍기 구원을 받게 된다.

애통하며 눈물로 하나님께 매달렸지만

우리 교회에서 사역하던 H씨는 하나님께서 수차례 돌이키도록 기회를 주었지만 끝내 돌이키지 않은 케이스이다. 하나님께서 귀한 은혜와 은사를 주셨지만 도중에 마음이 변하고 교만해졌다. 끝까지 사심을 버리지 않은 채 범죄하며 교회를 어렵게 하니 하나님께서 외면하셨던 것이다.

하나님에게 외면당한 상태에서 사단의 역사를 받던 H씨는 나를 무

너뜨리면 자신이 교회를 좌지우지할 수 있을 것이라 착각하고 몇몇 사람과 연합하여 궤계를 꾸몄다. 모 방송국에 거짓 자료와 증거로 투서(投書)하며 많은 사람을 미혹케 한 것이다. 결국 그는 교회를 훼방하고 떠났는데 7년 환난에 떨어져 고문받는 장면이 보였다.

휴거되지 못하고 이 땅에 남은 사람들 모습을 본 나는 충격과 애통이 이루 말할 수 없었다.

"아버지 하나님, 한 사람도 이 땅에 떨어지면 안 됩니다. 더구나 가르치는 위치에 있는 주의 종과 일꾼들이 7년 환난에 떨어져서는 안 됩니다. 저들이 회개하고 돌이켜 구원받게 해 주세요."

평소 웬만한 일로는 울지 않던 나는 이 장면을 본 뒤부터 울보가 되었다. 산에 작정 기도하러 갔을 때에도 이들이 버림받지 않게 해달라고 눈물로 하나님께 매달렸다.

열리는 영의 세계

1998년 5월 4일부터 14일까지 '하나님은 빛이시라'는 주제로 제6회 2주연속 부흥성회가 열렸다. 대다수 성도가 금식과 기도로 준비했는데 성회가 끝나고 많은 성도의 영안이 열려 은혜가 충만했다. 하나님을 사랑하면 늘 습관을 쫓아 기도하게 되며 하나님 음성을 듣고 영의 세계 보기를 간절히 소망하게 된다. 사랑하는 사람끼리는 날마다 만나고 싶고 대화하기 원하는 것처럼 우리가 아버지 하나님을 사랑하면 늘 뵙고 싶고 음성 듣기를 사모하게 되는 것이다.

하나님께서 말씀대로 빛 가운데 실천하고자 노력하는 성도들의 모습을 보고 은혜를 더하여 영의 세계를 볼 수 있도록 인도하셨다. 뿐만 아니라 빛이신 하나님 역사를 실제로 체험할 수 있는 많은 일이 일어났다.

"각양 좋은 은사와 온전한 선물이 다 위로부터 빛들의 아버지께로서 내려오나니 그는 변함도 없으시고 회전하는 그림자도 없으시니

라"(약 1:17)

베드로와 요한이 예수님의 부활을 전하니 하루에 남자만 해도 오천 명이나 예수님을 영접하였다. 부활의 복음을 싫어한 관원과 장로와 서기관들은 이 복음이 더 퍼지지 못하도록 사도들을 불러 위협한다.

사도행전 4장 18-20절을 보면 "그들을 불러 경계하여 도무지 예수의 이름으로 말하지도 말고 가르치지도 말라 하니 베드로와 요한이 대답하여 가로되 하나님 앞에서 너희 말 듣는 것이 하나님 말씀 듣는 것보다 옳은가 판단하라 우리는 보고 들은 것을 말하지 아니할 수 없다 하니"라고 하였다.

만일 사도들이 복음을 전하는 것이 하나님의 뜻임을 알면서도 핍박과 고난당하는 것을 두려워했다면 기독교의 명맥을 더 이상 이어 가기 어려웠을 것이다. 하나님을 뜨겁게 사랑하며 순교를 두려워하지 않는 사도들의 실천적 노력이 있기에 오늘날 기독교가 꽃 피우고 열매 맺을 수 있지 않는가?

원수 마귀는 예수님이 태어나기 전부터 호시탐탐 노렸다. 예수님이 태어나자마자 헤롯 임금을 통해 죽이려 했고, 공생애 기간에도 끊임없이 죽이려 했다. 마침내 악한 사람들을 사주하여 예수님을 십자가에 못박았다.

하나님 나라를 이루는 것은 영적 전쟁이다. 주의 종이나 일꾼이라면 영의 세계를 알아야 한다. 영의 세계를 모르면 원수 마귀 사단을 지배하고 정복할 수 없다. 그 정체를 알아야 악한 영을 지배하고 정복하며 권능을 행할 수 있는 것이다.

보고 들은 것을 말하지 않을 수 없기에

영안이 열린 성도들이 주님과 선지자, 천사를 보는가 하면, 음성을 듣기도 했다. 이렇게 영적인 세계를 보고 은혜가 충만하니 주변에 전했다. 그런데 본 사람이 그대로 전할지라도 말이 더하고 빠지는 과정 속에 오해가 생기게 마련이다.

또 할 말, 하지 말아야 할 말을 가리지 못한 채 생각을 동원하여 전하면 시험거리가 될 수 있다. 그러나 구더기 무서워 장을 담지 못하게 해서는 안 될 일이었다. 성도들이 천국 소망이 넘치고 새 예루살렘을 목표로 더 깊은 단계를 믿음으로 침노하기 위해서 필요한 과정이기 때문이다.

1998년 6월, 주위 일꾼들에게 앞으로 일어날 일을 알려 주었다.

"성도들이 영의 세계를 보는 것 때문에 나는 이단으로 정죄받을 것이며 큰 시험이 올 것입니다. 그러나 영의 세계를 보는 것이 하나님 뜻이기에 이 길을 갈 수밖에 없습니다."

앞으로 어느 시점에 이르면 엄청난 파장을 불러올 것을 알았지만 성도들이 영적 세계 보는 것을 막지 않았다. 성도들의 영안을 열어 주고 영의 세계를 보게 한 이는 하나님이시기에 내가 감히 막을 수 없는 것이다. 영적인 세계를 알면 알수록 천국을 더 사모하게 되므로 세상 어둠을 버리게 된다. 그리하여 천국 소망을 갖되 새 예루살렘을 바라보며 영적 믿음으로 성장해 나갈 수 있는 것이다.

사도행전 3장에 보면 베드로가 앉은뱅이를 일으킨 장면이 나온다. 사도 바울은 귀신 들려 점치는 여종이 며칠 동안 따라다니면서 괴롭혔지만 물리치지 않았다(행 16:16-18).

"더러운 귀신아 예수 그리스도의 이름으로 물러가라!"고 하면 될 텐데 왜 그냥 두었을까? 바울은 여종에게서 귀신을 쫓아내서는 안 된다는 것을 알았기에 참았다. 왜냐하면 이 여인에게서 귀신을 쫓아내면 점을 쳐서 돈 버는 주인들의 수입이 끊기니 당연히 핍박을 받게 된다. 그러나 너무 괴롭히므로 더 이상 참지 못하고 귀신을 쫓아내니 그 결과가 어찌 되었는가? 바울은 군중 앞에서 옷을 벗긴 채 피가 나도록 매 맞고 감옥에 갇혔다.

성경은 영의 세계를 기록한 책이다. 원수 마귀 사단은 사람이 영의 세계를 아는 것을 가장 싫어한다. 이를 통해 복음이 전파되고 하나님 나라를 왕성하게 이루기 때문이다.

"여호와여 원컨대 저의 눈을 열어서 보게 하옵소서 하니 여호와께서 그 사환의 눈을 여시매 저가 보니 불말과 불병거가 산에 가득하여 엘리사를 둘렀더라"(왕하 6:17)

엘리사는 기도하면서 영안이 열려 불말과 불병거가 산에 가득한 장면을 보았다. 스데반 집사는 복음을 전한 후 성령이 충만하여 "보라 하늘이 열리고 인자가 하나님 우편에 서신 것을 보노라"(행 7:56) 하였다. 그러자 악한 무리가 큰 소리를 지르며 귀를 막고 한마음으로 그에게 달려들어 돌로 쳐 죽이고 만다.

사도행전 7장을 보면 스데반 집사가 복음을 전하면서 죄를 지적하는 장면이 나온다. 이 말을 들은 악한 무리가 분개했다(행 7:54). 여기서 만일 스데반 집사가 '하늘이 열리고 예수님이 보인다'는 말을 하지 않았다면 돌에 맞아 죽지는 않았을 것이다. 자신들이 보지 못하는영의 세계를 보고 말하니 자신들이 보지 못한 것을 보는 그가 싫을 수밖에 없었다.

"천사를 봤다니 그것은 착시 현상이야, 잘못 본 거야, 속이는 거야."

이렇게 별의별 말을 다 만들어낸다.

성전 기둥에 나타난 형상들

1998년 6월 21일, 주일 저녁예배가 끝난 뒤 성전 단 위의 네 개 기둥에 사람 형상이 선명하게 나타났다. 저녁예배를 마치고 산상 기도를 하기 위해 출발하는데 하나님께서 기뻐하셨는지 천사를 통해 네 개의 기둥에 형상을 그려 넣어주신 것이다. 조각처럼 새겨진 선명한 모습은 육안으로도 식별할 수 있었다. 예수님이 십자가에 달려 창에 옆구리를 찔린 모습, 요한, 베드로 선지자의 형상이었다. 소문이 퍼져 그 주간에 기둥에 나타난 형상을 보고자 7천 명 이상 교회를 방문했다.

밧모 섬에 가면 사도 요한이 바위에 이마를 찧으며 얼마나 간절히 기도했는지 이마에 두툼한 굳은살이 박인 성화를 볼 수 있다. 그런데 성전 기둥에 나타난 사도 요한의 이마 역시 두툼한 모습이었다. 베드로 선지자는 수염이 덥수룩했다. 예수님께서 가시관을 쓰고 피 흘리는 모습, 창에 찔린 형상을 보니 성도들은 감개무량하였다. 이 형상은 밤낮 몇 주 동안 계속되었다. 이것을 카메라와 비디오에 담아 놓았고, 미술을 전공한 성도가 형상이 더 잘 보이도록 소묘 기법으로 그려 놓았다.

십자가에 달리신 예수님
기둥에 나타난 형상이 확실하게 보이도록 그림으로
재현했다

사도 요한 형상

사도 베드로 형상

영체의 빛을 보여 주신 하나님

영이신 하나님께서(요:4:24) 사람의 형상을 처음 만들 때 코에 생기를 불어 넣어 생령이 되게 하셨다(창 2:7). 우리가 이 땅의 삶을 마친 후 천국에 가면 영체로 살아가게 되는데 예수님의 마음을 닮아 하나님 형상을 회복한 만큼 각 사람 영체 빛의 밝기가 다르다.

모세가 시내 산에서 하나님이 새겨 준 증거판을 들고 내려왔을 때 얼굴에 강한 광채가 났기에 백성들은 두려워 그에게 가까이 갈 수 없었다. 모세는 자신의 얼굴에 광채가 나는 것을 깨닫지 못하다가 백성들이 두려워하니 수건으로 자신의 얼굴을 가린다(출 34:29-33).

1998년 7월 25일, 금요철야예배 2부 시간에 일어난 일이다. 성도들이 천국의 소망을 더 갖기 원하신 사랑의 하나님께서 영체의 빛을 보여 주셨다. 영안이 열린 사람뿐 아니라 영안이 열리지 않은 누구라도 볼 수 있었다. 어느 순간, 내 영체에서 흘러나오는 빛이 주변에 퍼지면서 사회자가 그 빛에 가려 잘 보이지 않았다. 찬양을 인도하는 사회자가 머리에 쓴 화관이 면류관으로 바뀌었다.

내가 단으로 걸어 나오자 옷이 빛 속에서 도포자락 같은 모습으로 바뀌고 키가 커졌다. 이 광경이 단에 있던 대형 스크린 화면에 그대로 투영되어 그날 예배에 참석한 성도들이 상세히 목격하였다. 이 빛이 주변을 둘렀는데 이날 앞자리에 앉은 많은 사람이 피로가 물러가고 치료받는 등 신기한 체험을 하였다.

그중 한 사람이 김경옥 성도이다. 그녀는 1996년 10월, 교통사고를 당했다. 구로 고대병원에서 '양측하지 지체장애 5급'이라는 판정을 받고 간신히 목발에 의지하여 다니던 중 우리 교회에 나왔다. 그런데 금요철 야예배에 참석하여 이 광경을 보고 처음에는 조명에 반사된 빛이 아닌가 하고 의심했다. 유심히 지켜보니 빛 속에 들어가는 사람마다 그 모습이 사라졌다. 그녀는 내가 갑자기 큰 키로 변하여 세마포 같은 옷을 입은 것을 목도했다.

그제서야 그녀는 우연이나 조작이 아닌, 하나님의 역사임을 믿을 수 있었다. 김경옥 성도의 눈에 광채가 쏟아져 들어오면서 저절로 탄성이 터졌는데 마치 눈이 멀 것 같았다. 그녀는 예배 후 목발을 버리고 자유롭게 걷는 자신을 발견하였다. 평생 장애인으로 살 수밖에 없는 자신이 하나님 은혜로 온전히 치료받아 정상인이 된 것이다. 그러나 이러한 현상은 과학적으로 이해되지 않는 영적 세계의 체험이기에 뒷날 문화 방송에서 조작이라고 몰아붙였다.

성도들을 항상 지켜 주신 하나님

사랑의 하나님께서는 우리 교회뿐 아니라 지역 교회 성도들도 동일하게 사랑하시며 불꽃같은 눈동자로 지켜 주셨다.

1998년 3월 15일, 대구 만민교회 성도들이 마산 만민교회 창립 예배에 참석하러 가던 중 구마고속도로 65km 지점에서 차가 전복되는 사고가 발생했다. 시속 120km로 달리던 중 승합차 오른쪽 뒤 타이어가 펑크 나 한 바퀴 회전하여 중앙분리대에 부딪쳤다. 사고 차량에는 장년 12명, 어린이 5명이 타고 있었다. 차가 몇 바퀴 뒹굴면서 폐차해야 할

사고 당시 차량

정도로 완전히 박살났다. 전원 사망할 수밖에 없는 대형 사고였다. 그런데도 하나님께서 17명의 성도를 모두 지켜 주셨다. 한 성도는 임신 중이었는데 전혀 다치지 않았다. 차창 밖으로 튕겨져 나가 바닥에 떨어지는 순간 마치 천사가 자신의 몸을 감싸 안는 느낌이었다고 했다.

그 중 이선희 집사가 척추와 경추를 다쳤다. 119 구급차가 병원으로 이송하려 했지만 당사자를 비롯하여 가족이 병원 대신 마산 만민교회로 가기를 원했다. 나는 예배 후 사고 소식을 들었다. 유아실에 가보니 이선희 집사가 누워 있어 목과 어깨, 허리 순으로 기도해 주었다. 이선희 집사는 기도받는 순간 몸이 불같이 뜨거워지면서 힘이 샘솟는 것을

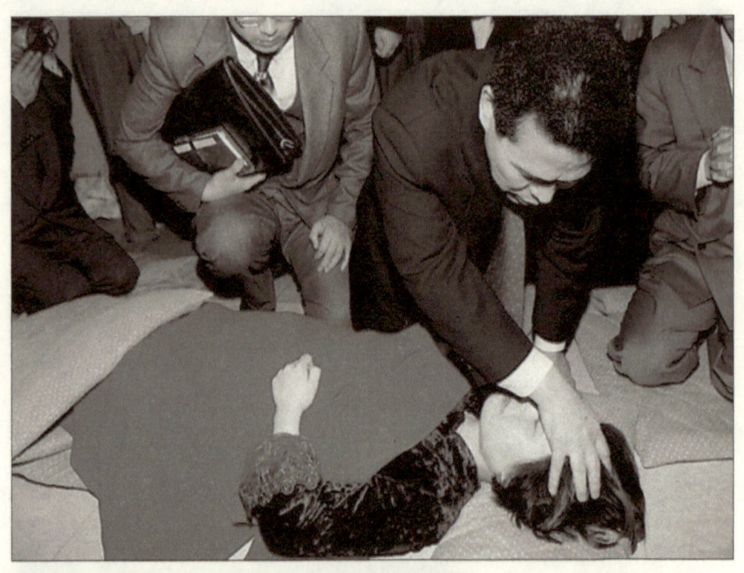

중상을 입은 이선희 집사가
기도받고 회복되었다

느꼈다고 한다. 기도가 끝나자 일어나 걸었다. 이날 2년 동안 고생하던 치질도 깨끗하게 치료받았다고 했다.

15미터 아래로 떨어지는 순간 커다란 손이 받쳐주는 느낌이

1998년 12월 23일, 전중익 집사는 서울 지방경찰청 경찰 특공대 대테러 팀장으로 근무하였다. 이날 조계종 총무원 점거 사건이 일어나 법원의 강제 집행을 지원하기 위해 출동 명령을 받고 조계사에 도착했다. 고가 사다리차를 타고 15미터가 되는 총무원 옥상에 거의 도달했을 때 사다리를 받치고 있던 난간의 지지대가 갑자기 부러져 고가 사다리가 뒤집히면서 그 안에 있던 5명의 경찰대원이 순간에 추락했다.

이날 사건은 언론에 크게 보도되었다. 전중익 집사는 떨어지는 순간 크게 다치겠다는 생각 대신 하나님이 지켜 주실 것이라는 믿음이 왔다.

만일 다리가 먼저 떨어졌다면 척추를 비롯하여 만신창이가 되기 쉬웠는데 머리에 쓴 헬멧의 측면부터 땅에 닿았던 것이다. 또 커다란 손이 전중익 집사의 몸을 받쳐 주는 느낌과 땅바닥에 솜을 깔아놓

일간지에 보도된 당시 사고 장면 (표시된 부분이 전중익 집사)

경찰서에서 근무하고 있는 전중익 집사

은 듯한 푹신함이 느껴졌다.

그는 아스팔트 바닥에 쿵하고 떨어졌는데 처음에는 충격으로 기억이 혼미하다가 몸을 추슬러 옆을 보니 조계사 건물에 불길이 치솟고 있었다.

이날 사고를 당한 다른 대원들은 모두 생명이 위독하거나 장애인이 될 정도로 중상을 입었지만 전중익 집사는 몸에 아무 이상이 없었다. 앰뷸런스에 실려 간 동료들과 함께 병원에 가서 진단을 받았는데 담당 의사는 "당신이 조계사 5층에서 떨어진 사람이 맞습니까." 하며 몇 차례 확인했다고 한다.

배신하고 훼방한 이들을 위해서
눈물로 간구하며

그동안 나는 일꾼이나 주의 종이 속이고 불순종해도 징계해 본 적 없다. 그들이 변화되기를 기대하며 끝까지 참고 용서해 왔다.

1987년, 모 교단에서 신학을 한 O전도사가 찾아와 함께 사역하기를 희망하였다.

얼마 지나지 않아 O전도사가 대전에서 개척하겠다고 하며 자금 지원을 요청했다. 개척 날이 되어 교회 일꾼들이 대전에 가 보니 교회가 아닌, 다른 건물이었다. 교회를 세운다고 거짓말하고 돈을 갖고 도망친 것이다.

수년이 지난 후 O전도사가 찾아와 무릎 꿇고 회개하였다. 나는 그를 용서한 뒤 과거 일을 묻지 않고 사역할 수 있도록 배려했다.

얼마 후 다시 대전에 개척하겠다고 하여 자금을 지원했는데 막상 교회를 세운 후 운영이 쉽지 않았는지 온다간다 말도 없이 떠나버렸다.

가룟 유다를 끝까지 깨우쳐 주신 예수님을 생각하며

가룟 유다는 예수님을 통해 오직 하나님만 하실 수 있는 기사와 표적을 보았다. 사람이 할 수 없는 일을 하면 이미 사람의 능력을 초월한 상태인데 그렇게 예수님을 따라다녀도 믿지 못했다. 확실한 증거를 보았지만 육적인 것으로 마음이 가득하니 하나님 뜻을 깨닫거나 받아들이지 못했던 것이다. 그러나 가룟 유다는 예수님의 구속 사업을 위해 필요한 인물이다. 성경에는 그가 예수를 팔 사람으로 기록되어 있다(요 6:71).

"그러나 너희 중에 믿지 아니하는 자들이 있느니라 하시니 이는 예수께서 믿지 아니하는 자들이 누구며 자기를 팔 자가 누군지 처음부터 아심이러라" (요 6:64)

예수님은 유다가 변개할 줄 아셨어도 끝까지 돌이키기를 원하셨으며 사랑으로 품어 주셨다. 의심 많던 도마도 품어 주셨다. 가룟 유다를 다른 제자들 앞에 드러내 나를 팔 자라고 정죄하지 않으셨으며, 그를 버리지도 않으셨다. 예수님께서 유다가 회개하고 돌이킬 수 있도록 깨우쳐 주셨지만 제자들은 예수님의 말씀의 의미를 알지 못했던 것이다.

변개하고 배신할 사람이라도

나는 사람의 마음을 알고 있었지만 어떻게든 변화시켜 좋은 그릇을 만들기 원했지 "저 사람은 저런 마음이 있으니 멀리해야겠다."는 생각을 가져 본 적이 없었다. 그런 사람도 경계하거나 의심하지 않고 믿고 대하였다. 믿지 못할 사람도, 속내에 간사함과 배신할 생각이 훤히 들여다보여도 믿어 주었다. 그 사람의 현재 모습이 아니라 앞으로 변화될 것을 믿고 함께하였던 것이다. 그래야 주의 종으로, 일꾼으로 크게 성장할 수 있기 때문이다.

그런데 이렇게 믿어주고 키워주려 노력했던 사람들이 어느 순간, 자기 유익을 좇아 교회를 떠나 오히려 훼방자로, 찌르는 사람으로 변하는 것이 아닌가? 나는 그들의 악함을 보며 애통하니 자꾸 살이 빠지고, 기가 빠졌다.

1991년, 유통업계 직장인 모임인 빛과소금선교회를 J씨가 자원하였기에 관리자로 임명하였다. 그때 하나님께서 "몇 년 후 그가 교회를 훼방할 것이다."라고 말씀하는 것이 아닌가! 나는 그의 아내에게 그가 변질되지 않도록 기도하라고 귀띔했다.

그가 앞으로 어떻게 변질될지 알기에 나는 빛과소금선교회 일꾼들을 직접 살폈다. 결국 1997년, 그는 30여 명을 데리고 떠났다. 그는 외부에서 우리 교회를 돕겠다고 공언했지만 오히려 성도를 데려 가려고 계속 미혹하였다. 나에 관해 근거 없는 갖가지 말을 유포하며 잘못되었다고 정죄하고, 교회를 훼방하는 모습을 볼 수 있었다.

첫 번째 시험이 시작되고

1998년 6월, 하나님께서 "너희 교회에서 가라지를 뽑아내겠다. 그러나 일부는 남겨두리라."고 말씀하셨기에 나는 슬픔 속에 지낼 수밖에 없었다. 7월이 되자 시험이 시작되었다.

나는 마음이 약한 탓인지 아무리 큰 잘못을 한 사람일지라도 용서만 거듭했다. 상상을 초월한 악행을 계속하는 사람일지라도 눈물로 기도하며 회개하고 돌이킬 수 있도록 계속 마음에 품었다. 하나님께서는 그들을 마음에서 지우라고 몇 차례 말씀하셨다.

"아버지, 저들이 용서받을 수 없겠습니까? 어찌하면 구원받을 수 있겠나이까? 저들을 용서해 주세요."

1998년, 몇 달 동안 눈물로 기도하며 하나님께 매달렸다.

"그들이 철저히 통회자복하면 내가 용서하리라."

응답을 받고 그들을 몇 차례 깨우치며 권면하였지만 듣지 않았다. 성도들은 내가 왜 설교 시간에 자주 눈물을 흘리는지 이유를 알지 못했다.

아버지 뜻대로 하옵소서

개척 후 나는 교역자들의 영적 성장을 위해 해마다 교육 프로그램을 실시하였다. 1998년 7월, 주의 종 교육 전 주간에 결단을 내릴 수밖에 없었다.

"내 종아, 네가 하지 못하기 때문에 내가 하겠다. 네 성품으로는 손을 대지 못하기에 내가 친히 하리라."

하나님께서 용납하지 않는 사람들을 내가 더 이상 포용할 수 없었다. 원수 마귀는 우는 사자와 같이 달려들었다(벧전 5:8). 사단이 악한 사람과 연합하여 나를 무너뜨리려는 것을 알고 있었지만 하나님께서 친히 하시겠다니 맡길 수밖에 없었다. 이들 중 어떤 사람에게는 귀신이 들어갔고, 어떤 이에게는 구렁이가 감싸는 모습이 보였다.

영안이 열린 성도들은 악한 영의 우두머리인 루시퍼와 군대장관 미가엘 천사장이 모반자들을 중간에 놓고 치열하게 싸우는 모습을 보았다고 했다. 내가 마음에서 이들을 놓지 않고 어찌하든 돌이키도록 끝까지 붙잡았기 때문이다. 하나님의 음성이 들렸다.

"내 종아, 그들을 포기하라. 네가 그들을 마음에서 붙드는 이상 미가엘 천사장이 도울 수밖에 없다. 네 마음에서 지워야 내가 역사할 수 있지 않느냐?"

"아버지 뜻대로 하옵소서."

더 이상 어쩔 수 없었기에 그들을 위한 기도를 멈추었다. 내가 포기하자 시험이 본격적으로 시작되었다. 그동안 너무 많은 죄를 지어 하나님이 버리고자 작정한 사람들이 정확하게 서로 연결되었다.

"조각을 받은 후 곧 사단이 그 속에 들어간지라 이에 예수께서 유다에게 이르시되 네 하는 일을 속히 하라 하시니 이 말씀을 무슨 뜻으로 하셨는지 그 앉은 자 중에 아는 이가 없고"(요 13:27-28)

수면 위로 드러난 첫 번째 시험

1998년 7월, 주의 종 교육이 끝나면서 배신할 생각을 품은 몇몇 사람이 모의하며 작업한 것이 수면 위로 드러났다. H씨는 나를 찾아와 하나님이 자신을 용서할 때까지 한 달 이상 기도하러 간다고 하였다. 그녀는 개척 당시부터 하나님께서 많은 은사를 준 여종이다.

그런데 평소 내가 아무리 기도하라 권면해도 기도하는 것을 보기 어려웠다. 그동안 하나님 앞에 여러 가지 불순종이 쌓이면서 수년 전부터 하나님과 교통하지 못했고, 성령의 은사도 나타나지 않았다. 하나님께서 이미 거둔 것이다. 더구나 찬양 사역자가 성장하니 자신의 위치에 위기를 느끼고 시기 질투가 발동하고 있었다. 나는 그녀에게 하나님 앞에 철저히 회개할 것을 당부하였다.

"산에 가거든 철저히 회개하여 막힌 담을 헐어야 합니다."

그런데 그녀의 답변은 예상밖이었다.

"지난 17년 동안 보아왔지만 당회장님은 불의하거나 진리를 어긴 적이 한 번도 없습니다. 너무나 깨끗한 분이며 하나님께서 몹시 사랑하십니다."

이렇게 고백한 후 기도하러 떠난 그녀는 산으로 간 것이 아니었다. 돌변하여 엄청난 일을 꾸미는 주역이 된 것이다. 우리 교회에서 사역하다

죄가 드러나 더 이상 숨길 수 없자 교회를 떠난 사람들을 만나 계략을 꾸몄다.

내가 한 번도 한 적이 없는 말을 했다고 온갖 자료를 만들어 교계와 언론, 각 교단 목회자에게 보내며 인터넷에 띄웠다. 이들은 나를 이단으로 정죄하는 수십 가지 항목을 만들었는데 얼마 후 수백 가지로 늘어났다고 한다. 또 내 설교가 방송되는 방송국에 찾아가 거짓 자료를 보이며 설교를 중단하게 했다.

그녀에게는 나를 모함하여 쓰러뜨리고 자신이 모든 것을 거머쥐려는 야심이 있었다. 우리 교회 가까운 곳에 교회를 세우고 희한한 말을 지어내 전하였다. 거짓 증인을 내세워 황당한 스토리를 엮은 편지와 테이프도 유포하였다. 성도들을 혼란하게 만들어 자기가 세운 교회로 오도록 궤계를 쓴 것이다. 나는 어쩔 수 없이 성도들에게 이 사실을 밝히고 정리할 수밖에 없었다.

참으로 거짓이 진실을 이기는 세상임을 절감했다. 보디발의 아내가 정욕을 이기지 못하여 요셉을 유혹하지만 요셉은 단호히 거절한다.

"그 여인이 그 옷을 잡고 가로되 나와 동침하자 요셉이 자기 옷을 그 손에 버리고 도망하여 나가매"(창 39:12)

보디발의 아내는 옷을 증거로 요셉이 자신을 겁간하러 왔다가 큰 소리를 지르니 도망갔다고 오히려 모함한다. 보디발은 아내의 말을 듣고 심히 노하여 요셉에게 한 마디도 묻지 않고 중죄인들이 있는 감옥에 가둔다. 이렇게 사람의 말만 듣고 판단하는 것은 실수를 낳고 대부분 맞지 않는다.

　요셉은 억울한 누명을 쓰고 감옥에 들어가지만 모든 허물을 뒤집어
썼다. 자신이 사실을 말하면 주인의 가정이 파탄나기에 침묵했던 것이
다. 감옥에서 요셉은 비진리의 모습을 많이 보고도 물들지 않았다. 요
셉은 보디발 집안의 총무로 있으면서 경영을 배우고, 감옥에 들어간 후
에는 정치를 배웠다. 비록 감옥에 있지만 하나님께서 함께하니 결국에
는 애굽의 총리가 된 것이다. 하나님께서 요셉의 결백을 증명한 것이다.

환자집회를 열게 하신 섭리는

1998년 11월, 두 번째 시험이 시작되었다. 우리 교회 교역자 안에도 알곡과 쭉정이가 있었다. N씨 가족은 특별히 하나님 은혜를 입은 가정이다. 1989년, 그의 어머니를 비롯하여 가족 3명이 연탄가스로 사경을 헤맬 때 나에게 기도를 받고 후유증 하나 없이 깨끗하게 치료됐다. 이 가정은 대가족으로 대부분 내 기도를 받고 의학으로 고칠 수 없는 많은 질병을 치료받은 체험이 있었다.

이처럼 하나님 은혜와 사랑을 많이 받았건만 점차 인정받고 위치가 높아지자 교만이 싹트고 변질되어 가는 모습을 볼 수 있었다. 나는 수년 동안 N씨에게 몇 차례 회개할 기회를 주며 깨우쳐 주었지만 그는 돌이키지 않았다. 급기야 교회 중요한 문서를 빼돌리는 등 말로 표현하기 어려운 큰 죄가 드러났다.

하나님 앞에 담을 쌓는 엄청난 죄악이 드러나니 가족이 교회를 떠났고 가까운 곳에 교회를 세웠다. 우리 교회 성도들을 상대로 거짓 소문을 퍼뜨리며 자기 교회로 오라고 유도했다.

그 시기에 이들뿐 아니라 교역자 중에 사심을 품고 교회를 떠난 사람도 있었다. 이들은 서로 규합하여 유언비어를 퍼뜨리고 성도들을 미혹하며 자기 교회로 이끌었다. 자신의 유익을 위해서는 뭉치다가 뜻이 맞지 않으면 원수 맺고 싸우며 분열되는 모습을 볼 수 있었다.

사단의 궤계를 아는 하나님께서는 환자집회를 열도록 주관하셨다. 11월 첫 주부터 6주 동안 이 집회를 통해 하루도 빠짐없이 환자들이 치료받았다. 수십 년 동안 뇌성마비로 굳은 몸이 풀리고, 휠체어에서 일어나 걸으며 암 덩어리가 사라지는 등 수많은 사람이 기적을 체험하였다.

성경에 기록된 표적이 날마다 나타나니 감사드릴 뿐이었다. 살아 계신 하나님께서 "내가 너희를 사랑하며 이렇게 함께한다"는 것을 보여주신 것이다. 이런 표적을 보면서 마음이 흔들리지 않고 시험을 통과할 수 있도록 배려해 주신 하나님의 섭리였다.

1998년 11월, 경북 경산시에 사는 김분늠 할머니가 서울 아들 집에 왔다. 할머니는 힘든 농사탓에 허리가 완전히 굽어 지난 10년 동안 고통받았다. 아들 집에 왔을 때에도 손녀 한번 업어 주지 못하는 것이 마음 아팠다고 한다. 그런데 아들의 간청으로 환자집회에 참석한 김분늠 할머니는 안수 기도를 받은 후 90도로 꺾인 허리가 쭉 펴져 하나님께 영광 돌렸다.

김윤섭 성도는 1998년 11월, 환자집회가 열리기 전까지 휠체어 없이 거동하지 못한 1급 장애인이었다. 그는 1990년 5월, 대전 연구단지에서 전기공사를 하다가 5층 높이에서 떨어지는 사고를 당했다.

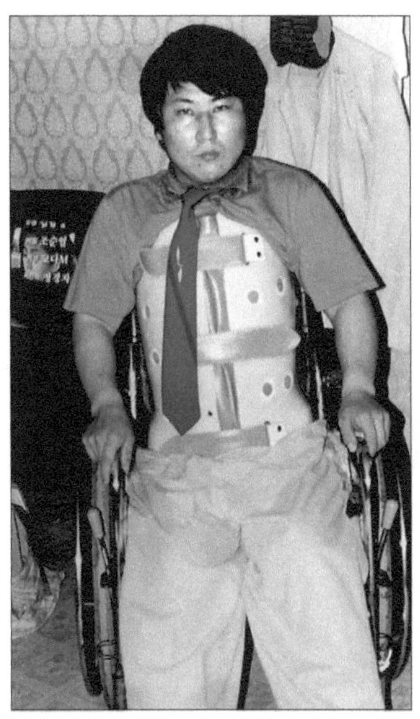

치료받기 이전 보조기를 착용하고 휠체어
생활을 한 김윤섭 집사

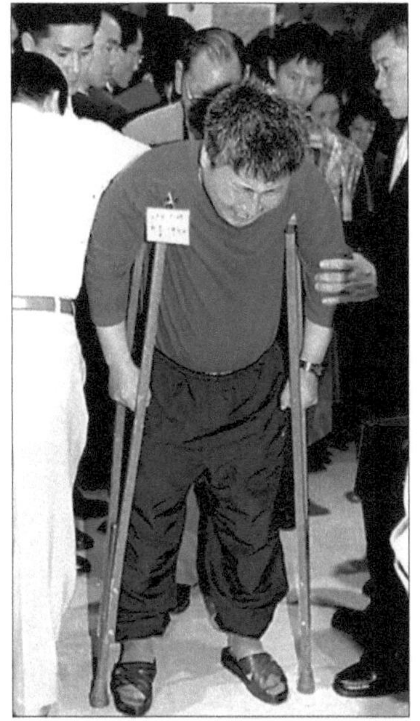

1999년 5월 부흥성회 때
기도받는 모습

병원으로 옮겼지만 혼수상태에 있다가 5, 6개월 후에 깨어났다. 척추 11, 12번, 흉추 압박골절 4, 5번, 간 손상, 요추 디스크 등 상태가 매우 심각했다.

병원 치료를 받았지만 1993년 장애인 1급 판정을 받았다. 허리에 척추 보조기를 한 채 생활하며 제대로 누울 수 없어 앉아서 잠을 잤다. 이런 고통의 나날을 보내다 주변의 전도를 받아 환자집회에 참석한 것이다.

혼자서는 대소변도 가리지 못할 정도로 몸을 가누지 못하는 그는 나

완치되어 행복한 가정을 이룬 김윤섭 집사

에게 안수 기도를 받고 휠체어에서 일어나 목발을 짚었다. 더 이상 척추 보조기가 필요 없고 반듯이 누울 수도 있었다. 다음 해 1999년 5월, 2주연속 부흥성회에 참석했는데 5월 12일 환자집회에서 강한 성령의 불을 받았다.

전에는 일어날 때마다 힘들게 목발을 짚어야 했다. 그런데 성령의 불이 다리에 임하여 힘이 생기면서 걷게 되었다. 사고 후 9년 만에 처음 걷는 감격적인 순간이었다. 그 후 그는 결혼하여 자녀를 낳고 행복하게 살고 있다.

두루마기를 빠는 성도들로 훈련하신 하나님

하나님께서는 나와 성도들이 선과 사랑으로 시험에 승리하기를 원하셨다. 시험을 허락하신 것은 나에게 세계 선교를 펼칠 수 있는 권능을 주시려는 섭리도 있었지만 연단을 통해 모든 성도가 두루마기를 빨기 원하셨기 때문이었다. 즉, 마음에 할례하여 익은 모양이라도 버리며 성결되기를 원하셨던 것이다.

나는 성도들에게 진리가 아니면 보거나, 듣지 말며, 말하지 않도록 당부했다. 하나님은 거룩한 입술을 가진 성도가 되기를 원하신다. 그럴 때 판단, 정죄, 수군거림이 나오지 않고 어둠이 발을 붙일 수 없으며, 원수 마귀가 훼방할 수 없다. 이렇게 빛 가운데 사는 성도들은 사단이 송사할 수 없으며 어찌할 수가 없다.

교회적으로 온 시험을 통해 성도들은 자신을 발견하는 계기가 되었다. 더러는 거짓된 말을 전하는 사람을 만나 미혹되어 흔들리는 경우도 있었고 교회를 떠나기도 했다.

1998년 12월, 예수님이 죽은 지 나흘 된 나사로를 살린 것처럼 그러한 권능을 받기 위한 기도를 하라고 하나님께서 말씀하셨다. 완전히 죽은 사람도 하나님 뜻 안에서 기도하여 살려낼 수 있는 권능을 받는다면 얼마나 짧은 기간에 세계 선교를 이루겠는가? 하지만 그러한 권능은 기도한다고 쉽게 받을 수 있는 것이 아니다. 그만큼 믿음이 커야 한다. 그러기 위해서는 그만한 차원의 사랑과 선이 임해야 하며 불같은 연단을 통과해야 하는 것이다.

작정기도를 기뻐하신 하나님께서

1998년도에 나는 도무지 이해가 안 되는 충격적인 일을 겪으며, 먹지 못한 채 부르짖어 기도하고 애통하다 보니 급속히 체중이 줄고, 기가 빠졌다.

'그토록 많은 하나님 역사를 보고 체험하며 진리의 말씀을 들었는데 어떻게 순간에 다 버리고 떠날 수 있으며, 훼방자로 변할 수 있는가?'

그들의 악한 모습을 생각할 때마다 불쌍하고 눈물만 나왔다.

더구나 6주 동안 온 힘을 다해 환자들에게 기도해 주다보니 기력이 많이 빠졌다. 몸무게가 10kg 이상 줄어 옷이 헐렁헐렁하여 걸을 때에도 몸이 휘청거려 넘어질 것 같았다. 더 몸무게가 줄면 설교조차 할 수 없는 상태였다. 어느 날 기도 중에 하나님께서 나에게 작정 기도를 하라고 말씀하셨다.

"작정하여 산에 들어가 세계 선교를 위한 기도를 하라. 그동안 너에게 있는 육의 기운을 다 뺀 것이요, 이제는 하늘의 생기로 채우리라. 이제 때가 되었으니 죽은 자를 살리는 권능을 받기 위해 기도하라."

1999년 1월, 나는 21일 동안 1차 작정 기도에 들어갔다. 하나님께서는 마지막 때 이루어야 할 세계 선교와 섭리를 위한 기도를 주관하셨다. 죽은 자를 살리는 권능 위에 또 다른 권능의 차원을 알려 주면서 권능 위에 권능을 놓고 기도하라고 하셨다.

1차 작정 기도를 기뻐하신 하나님은 여러 응답을 주셨다. 특이한 것은 내 체형까지 바꾸고 새 힘을 주신 것이다. 나 스스로도 놀랄 정도였다. 젊은 시절 동경하던 역삼각형으로 가슴이 불룩하고 가느다란 어깨가 두툼해졌다. 배는 들어가고 20대 못지않게 힘이 넘쳤다. 앞으로 지치지 않고 큰일을 할 수 있도록 오장육부를 비롯하여 체형까지 바꿔 주신 것이다.

원수 마귀는 나를 무너뜨리려 했지만 하나님께서 지켜 주셨으며, 순간에 더욱 강건한 체력으로 만드셨다. 주위의 일꾼이나 교역자들이 내 몸을 부면서 감탄하는 모습을 볼 수 있었다.

제3장

십자가 지고
골고다를 오른 예수님은
어떤 마음이셨을까?

- 세 번째 시험이 시작되고
- 평소 법을 잘 지키라고 강조했건만
- 엉뚱한 제보에 성실한 시민이 직장을 잃고
- 하나님의 역사는 변함없이 펼쳐지고
- 라스베가스에 얽힌 이야기
- 목자는 가르치는 인도자라는 성경적인 표현
- 성령과 하나 되는 사역을 오해한 사람들
- 성경은 과학으로 이해하기 어려운 신비로 가득 차 있는데
- 몰래 카메라를 동원한 불법 취재로
- 반론 보도 청구 소송을 하고

세 번째 시험이 시작되고

 1차 작정 기도가 끝난 후 4월까지 한 달에 한 번씩 작정 기도에 들어갔다. 4차에 걸쳐 기도하는 동안 나를 찌르며 떠난 사람들의 모습이 떠오를 때마다 애통함을 참기 어려웠기에 제대로 기도할 수 없었다.

 1999년 4월, 기도 중에 하나님 말씀이 임하였다. 악을 행한 사람을 용서하지 않겠다고 하시며 내 기도의 양이 많이 찼으므로 앞으로는 시간과 공간을 초월하여 역사하겠다고 하셨다. 그동안 인터넷 예배를 통해 해외에서도 많은 사람이 치유됐는데 앞으로 본격적으로 시공을 초월한 역사를 펼칠 것을 알려 주신 것이다.

 "내 종아, 너와 제단을 찌르고 나간 자들을 위해 더 이상 기도하지 말라. 그들이 어떤 상황에 처해도 슬퍼하지 말라. 내가 더 이상 용서하지 않겠노라. 앞으로도 이 제단을 찌르는 자들을 결코 용납하지 않을 것이라."

 교회를 떠난 교역자 중에는 그동안 저지른 의롭지 못한 일이 드러나니 교회를 떠난 사람과 연합하여 악을 꾀했다. 그 중에는 시기 질투를 이기지 못하고 원수 마귀 역사를 받는 여 교역자도 있었다. 자신의 욕심을 좇아 교회를 떠난 사람끼리 어찌하든 우리 교회를 훼파하고자 모의를 하고 서로의 유익을 위해서 뭉쳤다가 뜻이 맞지 않으면 분리되었다.

1999년 4월, 4차 작정 기도를 마친 후 하나님께서는 세 번째 시험이 올 것을 알려 주셨다. 이 시험을 통과하면 원수 마귀 사단이 송사하지 못하는 무한한 권능을 주시려는 섭리였다. 하나님께서는 금년 부흥성회는 대폭발로 나올 것과 방송을 통해 전 세계에 전해지리라 말씀하셨다. 나는 단에서 성도들에게 이번 성회는 방송을 통한 대폭발이 있을 것이라고 전했다. 하지만 방송사건이 일어나게 될 것은 상상하지도 못한 일이었다.

공영방송은 공정성과 객관성을 유지해야 하건만

1999년 5월, 2주연속 부흥성회가 시작되었다. 두 차례 시험을 통해 나를 무너뜨리려던 계획이 모두 수포로 돌아가자 이들은 마지막 수단으로 방송을 택하였다.

교회를 훼파하기 위한 시나리오를 작성하여 그동안 만든 허위 자료와 거짓 증인을 내세워 MBC PD수첩 제작팀에게 제보한 것이다. 1999년 4월 15일, 우리 교회에 대한 제보를 받은 PD수첩팀은 이를 바탕으로 프로그램을 제작하여, 5월 4일자로 방영하기로 결정했다.

공영방송은 공정성과 객관성을 유지하는 게 생명이기에 제보자의 내용이 사실인지 먼저 충분히 검토해야 한다. 사실과는 너무 다른 내용이 방송될 것을 아는 교회 일꾼들은 일방적인 보도를 자제할 것을 요청하였다. 교회적으로 큰 행사인 부흥성회를 앞두고 있으니 다 마친 후에 충분히 취재 협조하겠다고 답변한 것이다.

그러나 PD수첩팀은 5월 7일, 사택에 찾아와 인터뷰를 요청하였다. 이날 사전에 인터뷰가 약속된 상황이 아니었다. 불시에 카메라를 들고 나타나 인터뷰를 요구했는데 나에게 보고해 준 사람이 없어서 그런 사실조차 몰랐다.

이날 평소와 다름없이 금요철야예배 시간에 맞춰 사택에서 교회로 출발하였다. 평소 예배 시간에 지각하는 법이 없지만 나는 1분만 늦어도 하나님 앞에 금식하였다. 이런 상황을 주변 일꾼들이 잘 알기에 PD수첩 제작진에게 그날 인터뷰할 수 없음을 충분히 전달하였다고 한다. 그런데 이들은 교회 측에 반론할 수 있는 인터뷰 기회를 주었는데 내가 취재를 피해 도망가는 것처럼 왜곡하여 보도했다.

세계가 떠들썩한 사건이 되기까지

한편 교회에서는 일꾼들이 서울지방법원 남부지원에 '방송금지 가처분신청'을 하였다. 방송금지 가처분신청이 접수되어 방송 날짜는 한 주 연기되었다. 5월 11일, 남부지원에서는 제작된 내용 중 부분적으로 방송금지판결을 내렸다. 이날 판결 후에 교회 일꾼들이 담당 PD를 찾아가 내용이 사실과는 너무 다르니 부흥성회가 끝난 후 사실 여부를 확인하고 방영토록 요청하였다. 그러나 이들은 방송 시간이 잡혔다면서 그것을 묵살했다.

1999년 5월 11일, 부흥성회 7일째였는데 이날 밤 11시에 방송할 예정이었다. 여느 날과 마찬가지로 이날 밤 10시 20분경 집회가 끝났다. 그런데 누구도 예측하지 못한 돌발 상황이 일어났다. 나는 집회를 마치고 사택으로 들어갔는데 다음 날 교회 일꾼들로부터 충격적인 보고를 받았다.

사건의 정황은 이러했다. 이날 10시 20분경 부흥성회가 끝나고 성도들 중 일부가 방송국으로 항의하러 갔다. 이들은 내용이 왜곡 편집되어 방송될 것을 알고 항의를 하러 갔는데 방송국에 도착한 시간이 11시 5분쯤이었다. 20-30명이 방송국에 먼저 도착하여 정문에서 별다른 제지가 없자 안으로 들어갔다. 처음에는 4층에서 만난 직원들에게 방송 송출실을 물으니 어떤 사람은 7층, 어떤 사람은 4층이라고 알려 주어 그곳을 찾고자 뿔뿔이 흩어졌다.

그런데 2층을 지나가던 중 사무실 문이 반쯤 열려 있어 들어가 보니 벽면에 가득한 모니터 화면이 보였고 이미 방송이 보도되고 있었다. 바로 주조정실로 모니터를 통해 터무니없는 내용이 방송되는 것을 본 성도들은 기가 막혔고 흥분을 감추지 못했다. 직원에게 방송 중단을 요구하며 설왕설래하는 동안 실랑이가 벌어졌다. 그 중 일부가 전원 스위치를 내리면서 방송 중단이 되었고, 세계가 떠들썩한 사건이 된 것이다.

평소 법을 잘 지키라고 강조했건만

그동안 나는 하나님의 법인 성경 말씀뿐 아니라 국가의 법도 크든, 작든 모두 잘 지켜야 한다고 강조했다. 실제로 우리 교회 대다수 성도는 말씀에 순종하여 법을 잘 지키고, 어느 곳에 있든지 사회의 빛과 소금의 삶을 살아가고 있다.

그런데 이날 일부 성도들이 자제하지 못하고 순간에 법을 어겨 우리 교회는 엄청난 타격을 받고 말았다. 아무리 할 말이 있어도 일단 법을 어긴 것은 잘못된 일이기 때문이다. 주조정실에 있는 성도들을 진정시키려고 주현권 목사가 작업대에 올라갔다.

"사람을 다치게 하거나 기계를 만지지 마세요. 빨리 이곳을 나가 주세요." 하며 소리쳤다. 그러나 이 장면은 마치 주현권 목사가 조직적으로 지휘하는 것처럼 보도되었다. 방송사 측에서는 사옥에 들어온 성도들을 무조건 폭도로 몰아붙여 음성은 삭제한 채 제스처만 편집하여 사실과는 정반대로 보도했다.

방송국에 가면 모니터 뒤에 배선이 복잡하게 연결된 것을 볼 수 있다. 주조정실 책상 위에는 작업 중인지 몸통과 렌즈를 분리한 큰 카메라가 놓여 있었다. 뉴스에서는 모니터 뒤에 연결된 배선이 펼쳐져 어지럽게 보이는 광경과 몸통과 렌즈를 분리한 카메라를 보여주며 기물을 심하게 파손했다고 보도하였다. 전후 사정을 모르는 시청자들은 보도된 내용을 그대로 믿을 수밖에 없었다.

이 사건으로 우리 교회는 방송사를 장악하고 방송을 중단하게 했다는 극도의 부정적인 이미지를 안게 되었다. 착하게 살아온 우리 교회 대다수 성도가 이 사건으로 이미지가 실추된 것이다. 물론 우리 교회에서 사전에 계획한 일도 없었고, 예측하지 못한 우발적 사건이었지만 국민 앞에 마땅히 사죄해야 할 일이었다. 교회에서는 조선일보 등 일간지에 사회적인 물의를 빚은 것에 사과문을 게재하였다.

그런데 방송사 측에서 별다른 검증없이 대형 교회를 정죄하는 내용을 일방적으로 방송할 때 성도들이 항의하기 위해 방송사를 찾아오는 것은 충분히 예견할 수 있다. 아쉬운 것은 방송사 측에서 좀더 방비했다면 성도들이 쉽게 방송국 안으로 들어갈 수 없는 일이다.

언론에서는 마치 우리 교회가 계획적으로 이 사건을 주도한 것처럼 여론을 몰아갔다. 경찰은 이날 방송국에 간 수십 명의 성도를 소환하여 조사했지만 단순한 우발적인 사건임이 밝혀졌다.

교회에 사심을 품고 이탈한 사람이 만든 시나리오 제보를 토대로 제작된 방송 탓으로 교회뿐 아니라 성도들이 입은 피해는 심각했다. 사건 후 주일 예배 인원이 급격히 줄었다. 졸지에 폭력 교회가 되어 가정에서 핍박을 받고, 학교에서 왕따당하였으며 교회 나오지 못하는 사람도 속출했다.

엉뚱한 제보에 성실한 시민이 직장을 잃고

그때 유익선 집사는 양천 경찰서에서 경장으로 근무하고 있었다. 20년 경찰 경력에 직장에서 성실함으로 인정받을 뿐 아니라 열심히 전도하며 성도의 본이 되는 신앙인이기도 했다. 그런데 교회 이탈자 중에서 유익선 경장을 구속하려고 경찰과 방송국에 엉뚱한 제보를 하였다.

그가 이번 방송 사건을 깊이 주도한 인물이며, 사건 당일 방송국에 성도들과 같이 들어갔다는 것이다. 현직 경찰이 앞장서 사건을 주도했다니 언론에서는 뉴스거리가 될 만했다. 경찰은 유익선 경장을 소환하여 조사하였다. 언론과 방송에서는 현직 경찰관이 의도적으로 개입한 것으로 사건을 몰아갔다. 5월 17일 문화방송 뉴스데스크는 이렇게 보도했다.

"양천 경찰서 소속 유 모 경장이 문화방송 난입에 주도적으로 참여한 혐의를 잡고 수사를 벌이고 있습니다. 조사 결과 유 경장은 사건 당일 근무를 마치고 교회에 와 있었으며 신도들이 문화방송에 난입한다는 사실을 알고도 경찰에 신고하지 않은 것으로 확인됐습니다…"

경찰 조사 결과 유 경장은 그날 방송국에 가지 않고 교회에 있었다는 것과 성도들이 방송국으로 이동할 때 방송국에 전화로 알려 대비할 수 있게 했음이 밝혀졌다.

진실 규명을 위해 그는 언론중재위원회에 '정정보도청구' 중재 신청을 하였다가 타의에 의해 취하할 수밖에 없었다. 한 달 반 동안 유익선 경장을 조사했지만 혐의를 발견하지 못한 경찰은 아무 혐의가 없는 것으로 이 사건을 매듭지었다.

유익선 경장은 그 후 1년 6개월 동안 근무하였는데 감시 대상이 되었고, 주변의 따가운 시선을 견디기 어려워 명예퇴직을 선택했다. 20년 동안 성실하게 근무한 평범한 시민이 엉뚱한 제보로 조사 대상이 되어, 결국 옷을 벗고 직장을 잃은 것이다.

하나님의 역사는 변함없이 펼쳐지고

1999년 5월 3일, '하나님은 사랑이시라'는(요일 4:16) 주제로 2주연속 부흥성회가 시작되었다. 하나님께서는 부흥성회를 통하여 시종 수많은 표적과 희한한 능으로 함께해 주셨다. 이 기간 중에 방송 사건으로 국내외가 떠들썩했지만 불같은 성령의 역사로 함께하셨다. 하나님의 역사는 변함없음을 나타내 주신 것이다.

박납심 집사는 85세로 충북 괴산에서 교회를 섬겼다. 우리 교회 다니는 아들이 보내준 설교 테이프를 틈틈이 들으며 은혜받았다. 박 집사는 태어난 다음 날 어떤 사건으로 왼쪽 눈이 보이지 않았고, 눈꺼풀이 처져 내려왔다. 또한 서른 살 때 시댁 작은아버지한테 예수 믿는다고 뺨을 맞아 오른쪽 고막이 터졌다. 그 후 오른쪽 귀로 전혀 들을 수 없었다. 그런데 1999년 5월 3일, 부흥성회 첫날 참석한 후 왼쪽 눈이 보이고, 오른쪽 귀가 잘 들리는 것을 알았다. 85년 만에 왼쪽 눈으로 사물을 뚜렷이 보고 55년 동안 아무것도 들을 수 없던 오른쪽 귀가 치료되었다.

이 집회에 2년 전에 치유받아 하나님께 영광 돌린 송희경 자매의 밝은 모습도 보였다. 칠삭둥이로 태어난 그녀는 '선천성 경직성 뇌성마비'로 어린 시절부터 왼쪽 팔과 다리를 쓸 수 없었다. 부모의 헌신 속에 계속 치료를 받아 어느 정도 호전되었지만 왼쪽 다리가 오른쪽보다 4센티미터 짧았다. 척추가 휘고 골반이 뒤틀려 통증이 심한 데에다 절뚝거리며 걸어가는 그녀를 아이들이 흉내 내며 놀려댔다.

1997년 대학교에 입학한 송희경 자매는 5회 2주연속 부흥성회에 처음 참석했다. 1997년 5월 5일, 첫날 전체 환자기도 시간에 나에게 기도받은 그녀는 다리에 힘이 온다며 그 자리에서 껑충껑충 뛰었다. 그 순간 기적이 일어났다. 왼쪽 다리가 땅에 닿은 것이다. 병원 진단 결과 4센티미터 짧은 다리가 길어진 것을 확인할 수 있었다. 휜 척추가 펴지고 뒤틀린 골반이 정상으로 돌아와 다리가 길어진 것이다. 지금은 결혼하여 단란한 가정을 이루었다.

우리 교회에 관한 내용이 PD수첩에 나간 다음 날부터 CNN, ABC, BBC, NHK 등에서 기자들이 교회에 찾아왔다. 마침 그들은 부흥성회에서 나타나는 기적의 현장에 참석하여 취재하고 촬영했다. 이들은 해외 본사로 취재 내용을 보내 몇몇 방송사에서 보지 못하던 사람이 보고 목발을 버리며 휠체어에서 일어나는 하나님의 역사를 그대로 보도했다.

방송사건 후 나는 몇 달 동안 집에 가지 않고 성전에 칩거하면서 기도하였다. 말할 수 없는 애통과 충격으로 몸무게가 많이 줄었고 다리가 휘청거렸다.

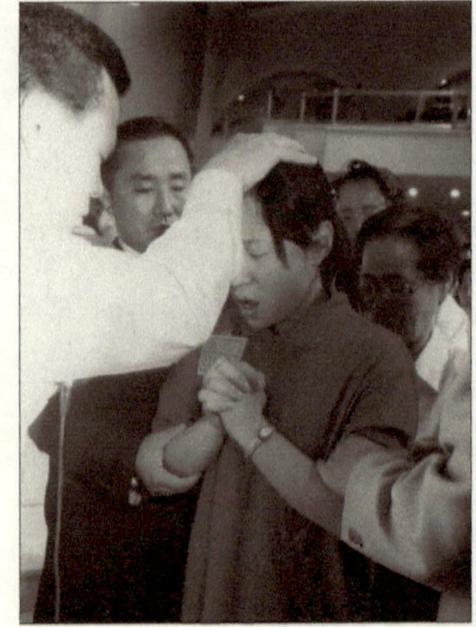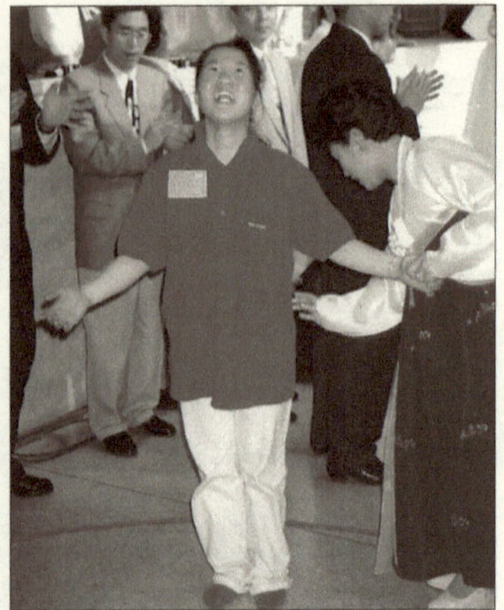

위:2주연속 부흥성회에서 기도받는 모습 (1997)
아래:송희경 집사 가족

그동안 우리 교회는 교계 발전을 위한 섬김과 사회 봉사활동으로 선한 사업을 지속적으로 해 왔으며 사회에 물의를 일으켜 본 적이 없다. 이혼의 위기로 깨질 수밖에 없는 많은 가정이 행복한 가정으로 변하였고, 헤아릴 수 없이 많은 사람이 치료받아 건강한 삶을 살아가고 있다. 교회에 올 때에는 가난했지만 말씀 안에 살아가면서 물질 축복을 받아 풍요로운 삶을 살아가는 사람도 많다.

공영방송이 교회의 선한 사역을 알리려는 의도는 없고 대형 교회는 무조건 잘못되었다는 인식을 갖고 접근한다면 마녀사냥식으로 흘러가기 쉽다. 진실을 알지 못한 채 한쪽 제보자 말만 듣고 시나리오를 작성하여 보도한다면 이 얼마나 큰 폭력인가? 편파 보도한 방송국도 이해할 수 없지만 일부 성도들의 미성숙한 행동은 나를 더 힘들게 만드는 결과를 가져왔다.

내가 할 수 있는 일은 십자가를 지고 묵묵히 골고다를 걸어가는 예수님을 묵상하며 모든 진실을 아는 하나님 앞에 금식하며 눈물로 기도할 뿐이었다.

나는 그동안 강단에서 나에게 온갖 누명을 씌우고 거짓 증언을 한 사람들의 이름을 거론해 본 적 없다. 심각한 명예훼손을 입었지만 그들의 죄를 드러내면 그들이 후회해도 돌아오기 어려우므로 홀로 누명을 쓰고자 했다. 그러나 교회 일꾼들은 진실을 밝히지 않으면 선교에 큰 장애가 올 수밖에 없다며 이 사건을 법원에 소송했다.

1999년 5월, PD수첩 방송이 나간 후 기독교 세계부흥선교협의회 대표회장 이종만 목사님이 방송을 보고 놀라 우리 교회를 방문하였다. 당시 교계의 원로목사이자 부흥강사로 활발하게 사역하던 이 목사님은 우리 교회와는 별다른 친분도 없었다. 그런데 방송을 보고 내가 애매하게 고난당하는 것을 알고 한기총과 문화방송을 상대로 신문에 '방송의 공정한 보도를 촉구한다'라는 성명서를 발표하였다. 그 일부 내용이다.

…종교를 언급할 때에는 나름대로 종교가 갖는 고유한 성격과 목적을 침해하지 않도록 유의해야 한다. 방송은 종교적인 문제, 특히 이단 시비와 관련하여 이를 판단할 능력을 갖고 있지 못함을 인정해야 한다. 이런 문제들에 대해 방송은 쌍방의 입장을 객관적이고도 공정하게 제시하고 문제를 제기하는 데에 그쳐야 한다.

그러나 최근 문화방송사의 보도는 그 선을 종종 넘어서고 있다. 종교적인 문제는 나름대로 연구방법과 과학성을 가지고 검증되어야 한다. 그러나 문화방송사의 보도는 그러한 접근 방법을 무시하고 단순히 몇몇 특정 사람들의 의견을 마치 주도적이고 대표적인 주장인 것처럼 인용하는 방법에 의존하고 있다. 언론이 종교를 비종교적인 잣대로 가늠하고 평가함으로써 종교 고유의 목적 수행을 방해하고 침해하는 결과를 낳는 것이다. 좀 더 쉽게 표현하자면 언론이 종교를 핍박한다는 말이다….

후에 이종만 목사님은 언론과의 인터뷰에서 이렇게 소감을 밝혔다.

"이번 방송 사건은 영적인 세계에 무지한 사람들이 성령의 역사가 많이 나타나는 만민중앙교회를 오해하였기 때문에 일어난 일이라고 생각됩니다. 지금은 한국 교회에 성령의 역사와 체험이 절실히 필요한데 체험적인 것을 말하면 오히려 이상하게 여기는 세상이 되었습니다. 나의 교만과 나만의 신앙 잣대로 남을 판단하고 정죄하는 한국교회의 풍토병을 고쳐야 합니다. 내가 만민중앙교회를 사랑하는 이유는 성령 체험을 많이 일으키기 때문입니다. 만민중앙교회는 성령체험의 모범을 보여주는 선구자적 교회라 평가할 수 있습니다."

나는 그동안 PD수첩 방송을 본 적이 없기에 그 내용을 구체적으로는 모른다. 그러나 주변 일꾼들이 전한 내용을 종합해 볼 때 왜곡 편파 보도 일색이기에 애통할 뿐이다.

당시에도 그랬지만 시간이 많이 흐른 지금 지난 일을 들추어 굳이 변명하거나 잘잘못을 따질 마음은 없다. 그러나 역사 앞에 진실이 무엇인지 알릴 때 양식 있는 신앙인이 올바른 판단을 할 것이다.

사람들은 공영방송에서 다룬 보도라면 일단 신뢰한다. 방송의 힘이 그만큼 막강하기 때문이다. 제자자가 앞뒤 말을 삭제하고 의도한 목적대로 편집한다면 진실과는 거리가 먼 내용이 보도될 수밖에 없다. 지면상 PD수첩에 보도된 내용 중에서 몇 가지만 간략히 설명한다.

라스베가스에 얽힌 이야기

　나는 해외에서 집회를 마치면 수고한 우리 일행에게 잠시 휴식 시간을 갖도록 배려하였다. LA에서 집회가 성공적으로 끝난 후 선교 팀에게 의견을 물으니 대다수가 하나님의 창조 섭리를 느낄 수 있는 그랜드캐년을 보기 원했다. 그랜드캐년에 가려면 라스베가스를 경유해야 했다.

　라스베가스에는 호텔이 많고, 크고 작은 건물마다 카지노가 있다. 이곳에서는 미국인들이 가족 단위, 혹은 노인 부부가 동전을 갖고 가볍게 게임을 즐기는 광경을 흔히 볼 수 있다. 미국 정부는 카지노를 합법화하여 라스베가스를 관광도시로 만들었기에 관광객들은 게임기 앞에서 자연스럽게 여가를 즐긴다. 물론 큰돈 갖고 도박하는 사람도 있지만 주로 게임을 즐기는 문화로 자리잡은 것이다.

　나는 선교 여행을 마치면 성도들에게 전체 일정과 휴식 시간까지 비디오로 촬영하여 보고한다. 하나님께 영광 돌리는 내용이기 때문이다. 미국 집회에 다녀온 뒤에도 라스베가스에 간 경위와 카지노 게임한 내용을 자세히 설명했기 때문에 모든 성도가 알고 있다.

라스베가스에 머물렀을 때였다. 일행 중 한 명이 제안하여 카지노 게임을 했다. 나는 게임에 대해 문외한이다. 그런데 성령의 주관을 받아 기계를 선택하면 우르르 동전이 나왔다. 기계도 정복할 수 있다는 믿음으로 작동하니 연속 동전이 쏟아진 것이다.

우리 일행이 각각 게임을 했는데 한 번도 돈을 따지 못한 사람이 대부분이었다. 한두 차례 하다가 돈을 잃고 재미 없으니 내 주변에 와서 구경하였다. 내가 선택하여 앉는 곳마다 열 차례 이상 동전이 나오는 것을 보면서 일행이 신기해했다.

나는 교회에 돌아와 성도들에게 믿음을 심어주고자 이 내용을 전하였다. 물론 이러한 것은 재미로 잠깐 할 수는 있지만 거기서 얻은 수입은 불로소득이니 전적으로 매달리면 도박 차원이기에 옳지 않다.

우리 교회를 떠나 방송 사건을 주도한 H씨는 내기 수친민 원의 돈을 게임기에서 잃었다고 거짓 증언하였다. PD수첩에서는 '게임 경비'라고 명시된 경비 명세서를 제시하였다. 마치 교회 측에서 만든 것처럼 보여주었는데 그 문서는 우리 교회에서 작성한 적도 없고 존재하지도 않는 위조된 것이다.

나를 비방하고자 만든 한 장의 종이를 사실인양 보도하고 앞뒤 내용을 의도적으로 짜깁기하여 마치 도박으로 교회 재정을 크게 낭비한 것처럼 만든 것이다. 가령 떳떳하지 못한 일에 물질을 낭비했다면 그것을 명세서로 남기고 게임 경비라는 명목으로 기록해 놓을 사람이 어디에 있겠는가?

목자는 가르치는 인도자라는 성경적인 표현

성경은 예수님을 양의 큰 목자이시며(히 13:20) 목자 장으로(벧전 5:4) 표현한다. 그러면 목자는 어떤 의미이겠는가? 예레미야 3장 15절을 보면 "내가 또 내 마음에 합하는 목자를 너희에게 주리니 그들이 지식과 명철로 너희를 양육하리라"고 하셨다. 그들, 즉 목자들이 지식과 명철로 하나님 백성을 양육한다는 것이다.

여기서 목자란 하나님 백성을 잘 가르칠 수 있는 사람을 의미한다. 예레미야 23장 2-4절에는 "이스라엘 하나님 나 여호와가 내 백성을 기르는 목자에게 이같이 말하노라… 내가 그들을 기르는 목자들을 그들 위에 세우리니 그들이 다시는 두려워하거나 놀라거나 축이 나지 아니하리라 여호와의 말이니라"라고 하셨다. 하나님의 백성을 가르치고 보살피며 양육하는 사람을 목자라고 표현한 것이다.

목자장이신 주님의 양 떼를 맡아 각 교회에서 가르치는 인도자가 목자이다. 오늘날에도 하나님 말씀을 가르치는 목회자를 목자라 하는 것은 성경에 어긋나지 않는다. 또한 기독교 선교단체나 대학캠퍼스 선교단체 등에서 기름 부은 목회자가 아니더라도 학생들을 가르치는 인도자에게 목자라는 직함을 주는 사례가 많다. 한 교회를 치리하는 담임목사를 목자라 한다고 마치 신격화하는 것처럼 정죄하는 것은 이치에 맞지 않는다.

성령과 하나 되는 사역을 오해한 사람들

교회를 떠나 시험을 주동한 사람들은 내가 "하나님이라고 했다, 4 위 일체라 했다."는 등 어처구니없는 자료를 만들어 여기저기 전했다. 성부, 성자, 성령 삼위일체 하나님을 강조하며 성경에 기록된 역사가 사실임을 가르쳐 온 나로서는 황당하기 짝이 없었다.

성령의 역사가 강하게 나타나는 우리 교회를 원수 마귀 사단이 미워하여 끊임없이 쓰러뜨리고자 훼방한 것이다. 근래에도 내가 하나님이다, 성령이라고 했다며 악의적인 말을 유포하는 사람이 있다고 한다. 나는 그동안 우리가 불같이 기도하여 악은 모양이라도 버리며 흠과 티가 없는 하나님과 주님의 마음을 닮는 만큼 권능이 임하며 성령과 하나 되어 강한 역사를 나타낼 수 있다고 가르쳐 왔다. 예수님께서도 하나님과 하나 되심을 말씀하셨다.

"아버지께서 내 안에, 내가 아버지 안에 있는 것같이 저희도 다 하나가 되어 우리 안에 있게 하사 세상으로 아버지께서 나를 보내신 것을 믿게 하옵소서 내게 주신 영광을 내가 저희에게 주었사오니 이는 우리가 하나가 된 것같이 저희도 하나가 되게 하려 함이니이다"(요 17:21-22)

만일 회사에서 사장이 사원들을 모아놓고 일심동체가 되자고 했을 때 뜻을 같이 하자는 것이지 사장의 위치가 된다는 의미가 아니다. 하물며 내가 '하나님이다, 성령이다'고 주장했다니 어찌 상상이나 할 수 있겠는가? 이러한 심경은 그동안 몇 차례 설교 중에서 찾아볼 수 있다.

참 저는 별소리를 다 들어 봅니다. 기사와 표적, 희한한 능의 역사가 계속 따르니 이제 자칭 하나님이 되지 않을까 염려 하는 사람이 있다고 합니다. 여러분, 만에 하나라도 그런 생각이 드십니까?

저는 7년간 아프다가 온 가족의 버림을 받고, 부모로부터도 버림을 받은 사람이며, 하나님 만나 단번에 치료받고 하니님민을 위해서 오로지 기도하고 충성하며 살았습니다. 저의 가족도 하나님 나라와 의를 위하여 모두 헌신하는 삶을 살지요.

전지전능한 하나님이 저와 함께하셔서 수많은 기사와 표적과 희한한 능으로 오늘날까지 이렇게 함께한 것을 여러분이 아십니다. 여기서 저를 통해 하나님이 역사하신 손길로 치료받지 않은 사람이 얼마나 있겠습니까? 어떤 분은 절름발이로, 어떤 분은 뇌성마비로 어떤 분은 갖가지 질병 때문에 왔다가 기도를 통해 치료받고 건강한 몸이 되니 여러분 가정이 복음화되었습니다. 또한 세상을 끊고 죄를 버리고, 어둠을 벗어 버리고, 말씀대로 살기 위해 금식하고 철야하면서 천국 소망을 가지고 달려가는 여러분이 되었습니다.

그런 제가 무엇이 아쉬워 자칭 하나님이 될 수 있다는 말입니까? 상상도 할 수 없는 일이지요. 〈십자가의 도〉나 저의 그동안 수많은 설교 테이프가 아버지 하나님 영광을 위해 살았다는 것을 입증하지 않습니까? 아버지 앞에 모든 영광을 돌린 제가 순간에 변질되어서 하나님이 된단 말입니까? 하나님처럼 된단 말입니까? 우리 주님처럼 된단 말입니까? 성경을 부인할까요? 이런 상상할 수도 없는 말들을, 그렇게 될까 염려가 된다는 사람들이야말로 얼마나 저를 모독하는 사람들입니까? 그런 일이 어떻게 있을 수 있느냐 말이에요.

사랑하는 성도 여러분, 만에 하나라도 그런 말씀은 하지 말아야 합니다. 상상도 하지 말아야 합니다. 만약에 제가 자칭 하나님이 되면 여러분 전부 저를 매도하고 교회를 떠나십시오. 하나님은 오직 한 분이십니다. 독생자 예수 그리스도 우리 구세주이십니다. 성부, 성자, 성령, 삼위일체 하나님이시고요. 66권 성경 말씀이 있습니다. 물론 여러분이 그런다는 것은 아닙니다. 그런 소식을 제가 듣기에 말씀드리는 거예요.

(1998년 7월 31일 잠언 강해 설교 중에서)

PD수첩에 나를 신격화한 내용이 있다고 한다. 그것을 뒷받침하는 장면이 나에게 성도들이 절하는 모습이었다. 여기에는 사연이 있었다. 1998년에 하나님께서 우리 교회 성도들에게 한참 영안을 열어주고 영적 체험을 허락하실 때 일이다.

5월 15일 금요일, 마침 내 생일이라 교회에서 여선교회 주관으로 감사예배를 드렸다. 오전에 예배를 드리는데 하늘에 2중 원형 무지개가 선명하게 떠 있다는 보고가 들어왔다. 예배를 마치고 밖에 나와 보니 커다란 원형 무지개가 시야를 채웠다. 하나님께서는 이날을 기점으로 교회에서 집회나 행사 때에 원형 무지개를 자주 보여 주셨다. 하나님께서 사랑하며 함께한다는 언약의 징표였다. 이날 성도들은 무지개뿐 아니라 영의 세계에서 나오는 빛과 천사가 뿌리는 금가루와 은가루, 천군 천사의 움직임을 보는 등 다양한 체험을 하였다. 성도들은 성전 마당에서 하늘 쳐다보기에 바빴다. 영의 세계를 보는 것과 보지 못하는 차이는 크다. 성도들은 자신이 본 것을 전하며 은혜를 나누었다.

이날은 금요일이기에 밤 11시가 되어 예배가 시작되었다. 평소에 1부 예배를 마친 후, 2부 시간에는 기도와 찬송 등 다채로운 프로그램으로 진행되었다. 그런데 그날 2부 시간을 진행한 사회자가 갑자기 나에게 절을 하는 것이 아닌가? 순식간에 일어난 일이었다.

사회자는 특별히 내 생일을 맞이하여 그동안 생명의 말씀으로 양육해 준 감사한 마음을 표현한다고 하였다. 사회자가 절을 하니 장로들도 한 분 두 분 절하기 시작하였다. 당황한 나는 민망한 나머지 손을 저으며 만류했다. 개척 이후 처음 있는 일이었다. 그때 절을 하도록 유도한 사회자는 얼마 후 교회를 떠났고 시험을 일으킨 장본인이었다.

그들이 절을 한 것은 나를 신격화하거나 우상시한 것이 아니라 그동안 하나님 은혜에 감사하며 말씀으로 양육한 담임 목자에 대한 감사 표현이다. 그러나 이런 순수한 시각이 아니라 절을 한 장면만 편집하여 마치 경배받기 좋아하는 사이비 교주처럼 만든 것이다.

성경은 과학으로 이해하기 어려운 신비로
가득 차 있는데

PD수첩은 한기총을 이용하여 우리 교회가 신비주의에 빠진 이단이라 보도하였다. 한기총 산하기관인 이대위에서는 교회를 떠나 시험을 주동한 사람들이 보낸 자료를 토대로 방송을 앞두고 서둘러 신비주의에 빠진 이단이라는 판정을 내렸다. 한기총 이대위에서는 이단성에 대해 언급하면서 1990년도에 있었던 예성 교단과의 문제를 다시 거론하였다. 〈나의 삶 나의 신앙〉 1권에서 그때 예성 교단에서 교권을 남용하여 나를 이단으로 정죄하고 파직한 내용을 밝힌 바 있다.

구체적으로 여기에서 인터뷰 내용의 모순과 잘잘못을 가리자는 것은 아니다. 과연 신비주의에 빠진다는 것은 어떤 의미인가?

성경은 창세기부터 요한계시록에 이르기까지 모두 신비한 내용으로 가득 차 있다. 하나님은 영이며 영의 세계인 4차원에 계신 분으로, 하나님 보시기에 합당한 사도와 선지자들을 통해 성경을 기록하게 하셨다. 선지자나 사도가 성령의 감동으로 하나님 마음을 전달받아 성경을 기록했지만 그들은 대필자일 뿐 저자는 하나님이다. 만일 시골에 사는 어머니가 글 쓸 줄 몰라 이웃에게 부탁하여 구술하는 대로 적었다면 비록 이웃이 편지를 썼을지라도 편지 주인은 어머니이다.

성경은 영이신 하나님에 대하여, 영적 세계에 대하여, 무에서 유가 창조되는 하나님의 창조를 가르쳐 준다. 인간의 합리적인 사고방식으로는 이해가 안 되고 풀 수 없는 내용이 가득 차 있다. 하나님께서 시내 산에 강림하여 모세와 대화하고, 엘리야 선지자에게 까마귀가 떡과 고기를 갖다 준 일, 옥에 갇혀 쇠사슬에 매인 베드로가 천사의 안내를 받으며 빠져 나온 일, 예수님께서 호령하는 것과 천사장 소리, 하나님의 나팔로 강림한다는 등의 말씀을 인간의 이성으로 어떻게 믿을 수 있겠는가?

"시내 산에 연기가 자욱하니 여호와께서 불 가운데서 거기 강림하심이라 그 연기가 옹기점 연기같이 떠오르고 온 산이 크게 진동하며 나팔 소리가 점점 커질 때에 모세가 말한즉 하나님이 음성으로 대답하시더라" (출 19:18-19)

"로뎀 나무 아래 누워 자더니 천사가 어루만지며 이르되 일어나서 먹으라 하는지라 본즉 머리맡에 숯불에 구운 떡과 한 병 물이 있더라 이에 먹고 마시고 다시 누웠더니 여호와의 사자가 또 다시 와서 어루만지며 이르되 일어나서 먹으라 네가 길을 이기지 못할까 하노라 하는지라 이에 일어나 먹고 마시고 그 식물의 힘을 의지하여 사십 주 사십 야를 행하여 하나님의 산 호렙에 이르니라" (왕상 19:5-8)

"홀연히 주의 사자가 곁에 서매 옥중에 광채가 조요하며 또 베드로의

옆구리를 쳐 깨워 가로되 급히 일어나라 하니 쇠사슬이 그 손에서 벗어
지더라 천사가 가로되 띠를 띠고 신을 들메라 하거늘 베드로가 그대로
하니 천사가 또 가로되 겉옷을 입고 따라 오라 한대 베드로가 나와서
따라갈새 천사의 하는 것이 참인줄 알지 못하고 환상을 보는가 하니라"
(행 12:7-9)

"주께서 호령과 천사장의 소리와 하나님의 나팔로 친히 하늘로 좇아
강림하시리니 그리스도 안에서 죽은 자들이 먼저 일어나고"(살전 4:16)

오늘날에는 이러한 영의 세계를 논하면 신비주의에 빠졌다고 정죄하
며 제대로 가르치는 인도자도 드물어 참 믿음을 갖지 못한 사람이 많이
있다. 교회에 다녀도 성령 체험을 못한 사람이 많고, 자연히 구원의 확
신도 없는 것이다. 그러니 천국과 지옥을 믿지 못하고 세상 사람과 똑같
이 죄를 지으며 사는 사람이 얼마나 많이 있는가?

무리하게 헌금했다는 인터뷰에 대해

우리 교회를 떠난 김 모 씨의 인터뷰 내용이다. 자신이 무리하게 헌금
하다 보니 사업도 망하고 가정 파탄과 함께 파산했다는 것이다. 그는 자
신이 한 달에 많을 때에는 600만 원까지 수입이 있었고 대부분 헌금했
다고 하였다. 그러나 김씨 헌금 내역을 조회해 보니 터무니없는 주장이
었다. 그의 자녀나 사업장 직원에 의하면, 김씨가 헌금으로 빚을 진 것
이 아니라 보증 선 부채와 개인 빚에 따른 이자로 매월 수입의 반 이상
지출되고 그것이 쌓이다 보니 파산에 이르렀다는 것이다. 김씨 아들은

어머니가 교회를 시험하는 사람들의 유혹에 휩쓸려 그들 각본대로 인터뷰한 것을 알기에 어머니의 주장에 동조할 수 없었다.

그전에 나는 이 가정이 매우 어렵다는 소식을 듣고 개인적으로 적지 않은 금액을 구제한 적이 있다. 그런데도 시험을 주동한 사람과 함께 교회를 떠나 허위로 증언한 사실에 한동안 애통하였다. 생활고를 겪는 가정에 한 푼 두 푼 모은 돈으로 힘껏 구제를 하곤 했는데 오히려 그런 사람들이 배신하고 은혜를 원수로 갚는 것을 보니 형언할 수 없는 아픔이 밀려왔다.

몰래 카메라를 동원한 불법 취재로

1999년 5월, 우리 교회 김현주 집사는 PD수첩을 시청하다가 자신의 인터뷰가 나오는 것을 보고 아연실색하였다. 그때 임신 5개월이던 김 집사는 충격을 받아 가슴이 무너져 내리는 것 같았다.

한 달 전, 김 집사는 생면부지 여인에게 전화를 받은 적이 있는데 자신의 조카가 뇌성마비이기에 도움받고 싶다는 내용이었다. 동정심으로 이 여인을 만난 김 집사는 그녀가 몰래 카메라로 자신을 찍는 사실을 꿈에도 상상하지 못했다.

그녀는 1998년 4월에 우리 교회 소문을 듣고 프랑스에서 귀국하였다. 뇌발육 부진으로 늘 우는 아들 준수를 믿음으로 치료하기 위해서였다. 부흥성회에 참석하여 나에게 기도받은 후 준수는 울음이 멈췄고, 초점이 흐린 눈동자가 정상으로 돌아왔다. 나름대로 아들의 치유를 체험한 그녀는 남편이 공부하는 프랑스로 다시 돌아갔다.

이 부부는 공부를 마친 후 귀국하여 우리 교회에서 신앙생활을 하였다. 김 집사가 1999년에 임신을 하게 되었는데, 선천적으로 허약했던 준수는 하늘나라에 갔다. 영적으로 보면 준수가 이 땅에서 고생하며 사는 것보다 구원받아 주님 품에 안기는 것이 차라리 복이라 할 수 있다. 준수를 천국에 데려가는 대신 다시 아들을 잉태하게하신 사랑의 섭리를 깨우친 부부는 슬퍼하지 않고, 감사함으로 신앙생활을 했다.

그런데 이렇게 감사하며 행복하게 사는 내용을 간증하며 그 여인에게 주님 영접할 것을 권면했는데 그 내용은 방송에 나가지 않고 이리저리 유도 신문과 편집자의 의도에 맞춘 편집으로 이 부부가 아들을 치료받지 못한 채 불행한 삶을 사는, 마치 큰 곤경에 처한 것처럼 방영된 것이다.

그동안 우리 교회에 대해 방영된 내용 중 일부 사례를 살펴보았는데 내 입장에서는 굳이 언급하고 싶지 않은 부분이다. PD수첩에 방송된 내용에 대해 일일이 진상을 밝히고 해명하자면 몇 권의 책이 나올 수 있을 것이다.

그러나 몇 가지 사례만 보더라도 진실이 거짓이 되고, 거짓이 진실로 둔갑하는 것이 얼마나 쉬운지 실감할 수 있다. 검증되지 않은 내용을 편집자가 의도한 줄거리에 맞춰 편집하여 방송한다면 언론 폭력이고, 나아가 종교 탄압이라는 결과를 초래하는 것이다.

또한 개인적으로도 심각한 명예훼손과 피해를 입을 수밖에 없기에 더 이상 이러한 사례가 생기지 않기를 바라는 마음에서 일부를 설명하였다.

반론 보도 청구 소송을 하고

진실과는 동떨어진 허위보도로 막대한 피해를 입은 우리 교회는 언론중재위원회에 중재를 신청하였다. 그러나 방송국에서는 중재를 수용할 의사가 없음을 밝혔기에 법원에 반론 보도 청구 소송을 제기하였다.

반론 보도란 보도의 진실성 여부가 최종적으로 확인되지 않은 상태에서 일단 언론 보도로 인해 피해를 입었다고 주장하는 측에게 보도 내용을 반박하거나 해명할 수 있도록 기회를 주는 것이다. 즉, 사실과 다른 보도 내용으로 일방적인 피해를 입은 당사자의 입장을 밝힐 수 있도록 공정한 기회를 주는 것이다.

1999년 10월 14일, 서울지방법원 남부지원에서는 "MBC는 별지에 기록된 대로 정해진 시간, 프로그램, 방송 순서 및 방법에 따라 텔레비전 7개 프로그램, 라디오 6개 프로그램 등 13개 프로그램에서 모두 14회에 걸쳐 만민중앙교회의 반론을 보도하라"고 판결하였다. 또

교회연합신문

"MBC는 만민중앙교회 반론을 보도하라"

서울지법남부지원 판결 MBC 보도내용 대부분 사실 아닌 것으로 해석

기독교연합신문

1999년 11월 7일 (일)

"MBC, 만민교회 반론 보도" 판결

남부지원, 총 14회 걸쳐

기독교신문

종교관련 한건주의식 선정

만민중앙교회 관련 반론보도

99년 11월 7일

제보에만 근거, 적절한 확인절차 없이 방송
남아있는 명예훼손등 소송에 영향 미칠 듯

조 선 일 보

'MBC PD수첩 만민중앙교회
방영금지 가처분조치 정당'

헌법재판소 결정

99년 MBC 'PD수첩'이 방영하려
던 만민중앙교회와 관련한 프로그램
에 대해 교회측의 방영금지 가처분
신청을 법원이 받아들인 것은 합헌이
라고 헌법재판소가 30일 결정했다.
헌재는 MBC가 "법원의 결정이
언론자유를 침해한 검열행위"라
주장하며 낸 헌법소원 청구를 기
하면서 이 같이 결정했다.
재판부는 결정문에서 "헌법상
지된 검열은 모든 형태의 사진
가 아니라 행정기관에 의한 것을
한다"면서 "방영금지 가처분은
부가 아닌 사법부의 결정이기
에 검열이 아니라"고 밝혔다.
／李順鉉

國民日報

1999년 10월 28일 목요일

MBC 만민중앙교회 관련
반론보도 14건 대거 방송

MBC가 만민중앙교회 이재록 목사
에 대한 비리의혹 보도와 관련. 30일
까지 방송사상 가장 많은 14건의 반론
보도문을 내보낸다. 26일 'PD수첩'.
27일 '화제집중.생방송6시' 첫머리에
반론보도문을 내보낸데 이어. 28일부
터 '뉴스데스크' 등 5개 TV 뉴스 프
로그램. '아침 종합뉴스' 등 6건의 라
디오 프로그램에 이를 방송한다.

재판부는 "만일 MBC가 이를 이행하지 않을 경우에는 기간 만료 다음 날부터 이행 완료시까지 각 1회 방송분 반론 보도문에 대하여 1일 500만 원을 지급하라."고 판결하였다.

그리하여 법원의 판결대로 MBC 뉴스데스크, 12시 정오뉴스, 6시 화제 집중, 마감 뉴스 등 프로그램에서 14회에 걸쳐 우리 교회 측의 주장을 반론 보도했다. 그러나 이것으로는 우리 교회가 입은 상처의 일부분도 덮을 수 없었다.

예수님을 시기하여 팔아넘긴 지도자들

예수님께서는 오직 천국 복음을 전하고, 수많은 사람의 질병을 치유하며, 살리는 사역을 하셨다. 그런데 예수님께서 소경을 고치며 사람이 할 수 없는 권능을 나타내니 바리새인, 서기관 등 지도자들은 예수님을 시기하여 모함하였다.

요한복음 10장 20절에 "그 중에 많은 사람이 말하되 저가 귀신 들려 미쳤거늘 어찌하여 그 말을 듣느냐 하며"라고 기록되어 있다. 선한 일만 하는 예수님을, 하나님이 함께하는 권능이 나타나니 귀신 들려 미쳤다고 정죄한 것이다.

또한 예수님께서 귀신 들려 눈 멀고 벙어리 된 사람을 고치자 바리새인들이 듣고 "귀신의 왕 바알세불을 힘입지 않고는 귀신을 쫓아내지 못하느니라"(마 12: 24) 하였다. 예수님이 바알세불의 도움으로 귀신을 쫓아냈다는 것이다. 이렇게 예수님을 죽이고자 거짓 소문을 유포하며 모함하고 음해한 세력이 많았다.

하나님의 권능과 희한한 능이 나타난 사도 바울 역시 나사렛 이단의 괴수(행 24:5)요, 미쳤다(행 26:24)는 등 별의별 말을 다 들은 것을 볼 수 있다. 나에게도 하나님이 함께하는 성령의 역사와 권능이 크게 나타나니 그동안 원수 마귀는 어찌하든지 넘어뜨리고자 훼방했다. 하나님 역사가 크게 나타나고 교회가 성장하는 것을 시기 질투하는 사람들은 별별 거짓 소문을 유포하며 어찌하든지 나를 잘못되었다면서 이단으로 몰아갔다.

반석에 세운 교회는 무너질 수 없기에

방송 사건이 일어난 후 많은 사람이 우리 교회가 문을 닫을 것이라 생각했다고 한다. 그도 그럴 것이 1999년 5월 11일부터 22일까지 12일 동안 우리 교회와 관련하여 텔레비전 33회, 라디오 34회 등 모두 67회나 보도되었다. 방송사 측의 일방적 보도로 잘못된 교회로 매도하였기에 그렇게 생각하는 것도 무리는 아니다.

그러나 반석에 세운 교회는 흑암의 세력이 흔든다 할지라도 결코 무너지지 않는다. 하나님께서 세운 교회는 그분의 권능의 오른 손으로 붙잡고 있기 때문이다.

예수님이 예루살렘에 입성할 때 이스라엘 백성은 호산나를 외치며 환영했지만 예수님을 십자가에 못박으라고 외치는 무리로 돌변하였다. 예수님은 사랑을 나누며 가르쳤던 제자들에게도 배신당하셨다. 예수님이 잡히자 제자들은 살 길을 찾아 뿔뿔이 흩어졌다.

혹시 화가 미칠까 두려워 떨며 도망가는 제자의 모습을 보신 예수님의 심정은 어떠했을까? 마음 아프고 연민의 눈으로 바라볼지언정 그들을 향해 서운함이나 미움을 품지 않았으리라.

돌아보면 나 역시 은혜를 배신하고 도리어 찌른 사람일지라도 한 번도 미움이나 싫은 마음을 품은 적이 없다. 그들은 있을 수 없는 불의를 저지르고 용서받기 어려운 육체의 일을 했지만 나는 끝까지 그들의 허물을 드러내지 않고 수없이 용서했다.마치 자신은 선한 양인 척하다가 뒤돌아서는 나를 죽이려고 모의했다.

나는 당시에도 그렇지만 아무리 나를 쓰러뜨리고자 하며 교회를 음해할지라도 죄악이 미울 뿐 사람에 대한 미운 감정은 들지 않았다. 한 사람도 멸망의 길로 가지 않고 모두 회개하고 돌이켜 구원받기를 애통하며 눈물로 기도할 뿐이다.

이러한 일련의 일을 겪으면서 하나님의 사랑을 받던 천사장 루시퍼가 교만해져 배반했을 때 하나님의 마음과, 또 가룟 유다가 배반했을 때 예수님의 마음이 어떠했을지 느껴 보았다.

예수님께서 "육으로 난 것은 육이요 성령으로 난 것은 영이니"(요 3:6)라고 말씀한 것처럼 육이란 변하기 때문에 믿을 수 없다. 우리 마음에서 비진리인 육을 버리고, 진리인 영으로 변화될 때 악이 없는 참 마음과 온전한 믿음을 소유할 수 있다.

1998년부터 1999년까지 세 차례 시험을 겪는 동안 나는 묵묵히 십자가를 지고 골고다 길을 오른 예수님에 대해 더 깊이 묵상하는 시간을 가졌다. 나는 아무 죄가 없다, 억울하다 변론하지 않고 오직 하나님 섭리를 이루기 위해 온갖 고초를 겪으며 십자가에 달리신 예수님.

그분의 순종과 사랑이 얼마나 깊은 차원인지 조금이나마 느낄 수 있
는 시간이었다.

제4장

하나님 뜻을 이룰 수 있다면

한 번 받은 은혜는

하나님을 알기 전, 7년 동안 병상에 있다가 누나의 권유로 현신애 제단을 방문한 일은 내 인생의 획을 긋는, 가히 천지가 개벽할 만한 사건이었다.

집회에 참석한 사람들이 무릎 꿇고 부르짖어 기도하였기에 나 혼자서 있기가 민망하였다. 기도를 어떻게 하는 것인지도 몰랐지만 나는 무릎을 꿇었다. 그때 하나님께서 성령의 불로 단번에 역사하셨다. 병 백화점이라고 불리울 만큼 성한 곳이 없는 내가 깨끗하게 치료받은 것이다.

비록 현신애 권사님의 안수 기도로 치료받은 것은 아니지만 그 제단에 가서 치료받았으니 얼마나 감사한가? 나는 그 후 부흥성회를 인도할 때마다 첫 시간에는 내가 만난 하나님을 전했다.

지금은 고인이 됐지만 현신애 권사님이 휠체어에 몸을 의지한 채 몇 차례 우리 교회를 방문한 적도 있다. 종종 이런저런 도움을 요청하셨지만 나는 한 번도 거절하지 않았다. 이로 인해 내가 어려움을 겪기도 했지만 최선을 다해 도와드렸다.

초신자 시절부터 내가 개척하기 전까지 섬긴 교회의 담임 목사님을 지금도 잊지 않고 때를 좇아 감사의 마음을 전하고 있다. 또 신학교 은사이고 예성 (연합) 교단 총회장이셨던 손택구 목사님께 늘 감사드린다. 바쁜 일정으로 찾아뵙지 못하지만 아내나 교회 일꾼들이 해마다 찾아뵙고 안부 인사를 드렸다.

사람에게 받은 은혜를 잊지 않고 갚는 것도 중요하지만 우리는 무엇보다도 하나님 은혜에 감사해야 한다. 하나님의 사랑과 은혜를 무엇으로 보답할 수 있겠는가?

하나님을 사랑하는 사람이 그분의 사랑을 받고, 간절히 찾는 자가 만날 수 있다고 하셨으니(잠 8:17) 나는 이 말씀을 붙잡고 하나님을 첫째로 사랑하며 간절히 그분이 계신 곳을 찾아갔다. 하나님은 빛이시니 그분을 만나려면 빛 가운데로 나가야 하고, 선이시니 우리가 선을 행해야 하며, 사랑이시니 영적인 사랑을 할 때 그분을 만날 수 있다.

하나님을 사랑하는 것은 계명을 지키는 것이니 말씀대로 행해 나가는 만큼 그분의 사랑을 받는 것이다. 목마른 사슴이 갈급히 시냇물 찾듯 하나님의 마음을 깊이 깨우쳐 말씀대로 순종하는 것이 최대의 즐거움이었다. 어떻게 하면 하나님 나라와 의를 더 크게 이룰 수 있는지에 대한 거룩한 부담이 내 전신을 채웠다

권능 위에 권능으로

하나님께서는 세 차례 시험을 믿음과 순종, 그리고 사랑으로 승리하니 더 깊은 권능의 차원으로 인도하셨다. 나에게는 이 세 차례 시험보다 내 생명을 바치는 것이 오히려 더 쉬운 일이었다.

아브라함이 독자 이삭을 번제로 바치는 시험에 통과하여 믿음의 조상이 된 것처럼 하나님께서 내가 세 차례 시험을 통과한 것을 기뻐하시고 이전보다 더 강한 권능으로 축복하셨다.

예수님께서는 "나를 믿는 자는 나의 하는 일을 저도 할 것이요 또한 이보다 큰 것도 하리니 이는 내가 아버지께로 감이니라"(요 14:12) 말씀하셨다. 우리가 말씀 안에 온전히 살면 아버지 하나님과 영으로 하나 되어 예수님께서 베푸신 권능을 행할 수 있다는 의미이다.

"하나님이 한두 번 하신 말씀을 내가 들었나니 권능은 하나님께 속하였다 하셨도다" (시 62:11)

이 말씀처럼 원수 마귀 사단은 하나님께 속한 권능을 행할 수 없다.

그들은 영물이기에 사람들을 미혹하여 하나님을 대적하게 만든다. 그러나 하나님만이 하실 수 있는 권능, 인류의 생사화복과 역사를 주관하고 말씀으로 무에서 유를 창조하는 역사 등을 감히 흉내 낼 수 없다. 권능은 오직 빛이신 하나님의 영역에 속하며 성결되어 예수 그리스도의 믿음의 분량에 이른 사람이라야 행할 수 있다.

권세와 능력, 권능의 차이

일반적으로 하나님 능력을 말할 때 권세와 능력, 권능을 같은 의미로 사용하는데 각각 차이가 있다. 능력이란, 사람으로서는 할 수 없지만 하나님으로서는 능치 못할 일이 없는 믿음의 힘이다.

권세는 하나님이 정한 범위와 영광스러운 힘이다. 영의 세계에서는 죄가 없는 것이 힘이다. 그래서 권세를 성결 자체라 할 수 있다. 마음의 악과 비진리를 버리고 성결한 하나님 자녀는 영적인 권세를 받는다.

그러면 권능은 무엇인가? 악은 모양이라도 버리고 성결된 사람에게 입히는 권세 있는 하나님의 능력이다. 즉, 권세와 능력을 겸한 것이다. 마태복음 10장 1절에 "예수께서 그 열두 제자를 부르사 더러운 귀신을 쫓아내며 모든 병과 모든 약한 것을 고치는 권능을 주시니라" 하셨다. 권능은 더러운 귀신을 제어하고 쫓아낼 수 있는 권세와 함께 모든 병과 약한 것을 고치는 능력까지 포함한다.

약한 것은 감기 몸살 등 가벼운 병을 지칭하는 것이 아니다. 부모나 자신의 실수로, 혹은 사고로 신체 기관의 기능이 마비되거나 퇴화하여 정상적인 활동이 불가능한 신체 이상 증세를 말한다. 시력과 청력을 잃어 보거나 듣지 못하고 말하지 못하는 사람들 등 인간의 능력이나 방법으로는 고칠 수 없는 것들이다.

신유 은사와 권능의 차이

사람들은 병 고치는 신유 은사와 하나님의 권능을 동일하게 생각한다. 그런데 권능과 신유 은사는 전혀 다르다. 고린도전서 12장 9절에 나오는 병 고치는 은사, 곧 신유 은사는 주로 균에 의한 질병을 태우는 역사를 말한다. 그러나 신체 조직 일부가 퇴화하거나 신경 세포가 이미 죽어 듣지 못하고 말 못하는 사람을 치료할 수 없다. 이러한 경우에는 권능을 받은 사람이 믿음으로 기도해야 치료된다.

하나님 권능을 받으면 항상 그 역사가 나타나지만 신유의 은사는 그렇지 않다. 신유 은사는 성결과 상관없이 영혼을 사랑하는 마음으로 많은 기도를 쌓았거나, 혹은 하나님께서 보시기에 담대하여 사용할 만한 그릇이면 주신다.

그러나 빛이신 하나님의 권능은 성결을 이루어야 받을 수 있다. 한번 받으면 약해지거나 사라지지 않는다. 주님의 마음을 닮을수록 더 높은 단계의 권능을 얻어 큰 역사가 따르게 마련이다. 신유 은사로는 중한 병이나 희귀병을 쉽게 치료할 수 없다. 환자의 믿음이 적으면 더 어렵다. 그러나 하나님의 권능으로는 환자가 믿음을 조금만 내보여도 단번에 역사가 나타난다. 여기서 믿음이란 지식적인 믿음이 아니라, 영적인 믿음을 말한다.

빛이신 하나님의 권능의 4단계

하나님께서는 권능에도 단계가 있음을 깨우쳐 주셨다. 얼마나 마음을 진리로 변화시켰느냐에 따라 더 높은 권능의 단계로 들어가게 된다.

"내 이름을 경외하는 너희에게는 의로운 해가 떠올라서 치료하는 광선을 발하리니 너희가 나가서 외양간에서 나온 송아지같이 뛰리라"(말 4:2)

영안이 열린 사람은 권능의 단계별로 레이저 광선처럼 빛이 쏟아지면서 치료 역사가 나타나는 것을 볼 수 있다.

권능의 1단계는 성령의 불로 질병을 태우는 붉은빛의 권능이다. 온갖 병균이나 바이러스, 세균에 의해 생긴 질병을 성령의 불로 태우는 단계다. 암, 폐병, 당뇨병, 백혈병, 심장병, 관절염, 에이즈와 같은 난치병, 불치병도 치료될 수 있다.

그렇다고 이러한 질병이 권능의 1단계에서 모두 치료되는 것은 아니다. 암 말기나 폐병의 경우, 하나님께서 사람의 몸에 정한 생명의 선을 넘으면 권능의 1단계에서 치료가 쉽지 않다. 몸의 조직이 망가지고 기능을 상실했을 때에는 병균뿐 아니라 창조의 역사로 조직을 새로 만들어야 하므로 더 큰 권능이 필요하다.

그러나 이런 경우라도 환자와 가족이 얼마나 사랑으로 하나 되어 믿음을 내보이느냐에 따라 하나님의 역사가 나타날 수 있다. 우리 교회에서는 개척 무렵 권능의 1단계 역사가 많이 나타났다.

권능의 2단계는 푸른빛을 통해 어둠의 세력을 물리치는 권능이다. 이 단계에서는 주로 귀신 들린 사람, 사단의 역사를 받는 사람에게서 어둠을 물리치는 역사가 나타난다. 또한 어둠의 세력으로 인한 자폐증, 정신이상과 노이로제, 신경쇠약 등 각종 신경성 질병도 마찬가지이다. 이러한 병은 남을 심히 미워하여 감정을 품거나, 부정적이고 신경질적인 성격을 가진 사람에게 많이 나타난다.

이 단계에서는 어둠의 세력으로 인해 생겨나는 여러 질병이 치료될 뿐 아니라 가정, 사업장, 일터에 있는 어둠의 세력도 물러가는 역사가 나타난다. 그런가 하면 죽은 사람의 영혼을 하나님 뜻 가운데 다시 불러오거나 반대로 거두는 역사가 나타난다.

사도 바울이 죽은 유두고를 살리고(행 20:9–12), 베드로가 성령을 속인 아나니아와 삽비라를 저주하니 그들의 혼이 떠나며(행 5:1–11), 엘리사가 저주하니 암곰 둘이 나와 많은 아이를 물어 죽인 경우도 여기에 속한다(왕하 2:23–24).

권능의 3단계에서는 흰색 또는 무색의 빛으로 역사되며 표적과 함께

창조의 역사가 나타난다. 표적이란 소경이 눈을 뜨고, 벙어리가 말을 하고, 들리지 않던 귀가 들리는 것을 말한다. 또 앉은뱅이가 일어서고, 소아마비나 뇌성마비가 온전해지는 역사를 말한다. 이처럼 기형이나 불구, 완전히 퇴화된 부분이 온전케 되고, 부러진 뼈가 붙으며, 없던 뼈가 생겨나거나 자라난다.

권능의 4단계는 황금빛으로 나타나며 완성 단계이다. 예수님을 통해 나타난 권능의 역사를 통해 알 수 있듯 만물을 지배하고 다스리는 단계로서 천기를 움직이는 기사(奇事)가 나타난다. 즉 오는 비가 멈추고, 맑은 하늘에서 비를 오게 하며, 구름을 움직이게 하는 등의 역사가 나타난다.

연탄가스에 중독된 사람에게서 독기가 빠져 나가고 화상으로 인한 화기도 즉시 물러가는 등 무생물도 순종한다. 예수님께서 열매 맺지 못하는 무화과나무를 저주하니 즉시 말라 죽었고(마 21:19), 바람과 바다를 꾸짖으니 아주 잔잔하게 되었다(마 8:26).

나무와 같은 자연 만물, 바람과 바다와 같은 무생물이라 해도 예수님께서 말씀하는 대로 순종하는 것이다. 하나님께서 말씀으로 천지를 창조하듯, 예수님께서 말씀하니 순종하여 곧 실상으로 나타난다. 이처럼 온전한 믿음을 소유하면 바라는 것들의 실상이 나타나고 보지 못하는 것들의 증거가 나타나며(히 11:1) 무에서 유를 창조하는 역사가 나타난다.

권능의 4단계는 시공을 초월하는 역사와 말씀으로만 명해도 역사가 따른다. 하나님께서는 사랑하는 자녀에게 권능을 주기 원하지만 이 단계에 이른다는 것은 극히 드문 일이다.

마가복음 7장 24-30절을 보면 더러운 귀신 들린 딸을 둔 한 여인이 예수님께 나와 딸에게서 귀신을 쫓아 주기를 간구하는 장면이 나온다. 여인의 겸비함과 믿음을 보신 예수님께서 "돌아가라 귀신이 네 딸에게서 나갔느니라" 하자 곧바로 치료되었다. 여인이 집에 돌아가 보니 이미 아이에게서 귀신이 나갔던 것이다.

이처럼 예수님께서 친히 병자가 있는 곳에 가지 않아도 상대의 믿음을 보고 말씀으로만 명령해도 시공을 초월한 역사가 나타난다.

희한한 능의 역사

"하나님이 바울의 손으로 희한한 능을 행하게 하시니 심지어 사람들이 바울의 몸에서 손수건이나 앞치마를 가져다가 병든 사람에게 얹으면 그 병이 떠나고 악귀도 나가더라"(행 19:11-12)

하나님께서 사도 바울을 통하여 희한한 능을 행한 것처럼 나에게도 희한한 능의 역사가 나타났다. 사도 바울과 마찬가지로 내가 기도해 준 손수건에 권능의 빛이 담겨 그것을 가지고 믿음으로 기도하면 놀라운 치료 역사가 나타난 것이다. 그래서 우리 교회에서는 일꾼이나 교역자들이 기도받은 손수건을 통해 많은 치유 역사를 나타내며 해외에 나가 집회를 인도하고 있다.

이처럼 권능의 4단계에서는 시공을 초월한 권능을 통해 질병이 치료되고 어둠의 세력이 떠난다. 표적이 나타나고 만물이 순종하는 등 권능의 1,2,3,4 단계에 속한 모든 역사가 나타난다.

파키스탄 신시아 이야기

파키스탄에서 사역하는 윌슨 존 길 목사에게 신시아라는 어린 딸이 있었다. 1999년 7월, 신시아가 갑자기 심한 구토와 설사를 하고, 혈변을 봐서 라호르 라쉬드 병원에 입원하였다. 증세가 심하고 '대장폐쇄'라는 소견이 보여 수술해야 했지만 상태가 나빠 속수무책이었다.

담당 의사는 대장폐쇄를 동반한 '셀리악'이란 병으로 급히 수술하지 않으면 사망한다는 진단을 내렸다.

그런데 한국에 있던 신시아의 언니 마리아가 신시아의 사진을 갖고 찾아왔다. 1999년 7월 23일, 나는 사진 위에 간절히 기도해 주었다. 바로 그 시간 신시아는 10일 만에 처음으로 대변을 보았다. 급속히 병세가 호전되어 다음 날 자리에 일어나 앉았으며, 3일 후 퇴원했다는 소식이 들려왔다. 건강이 완전히 회복된 것이다.

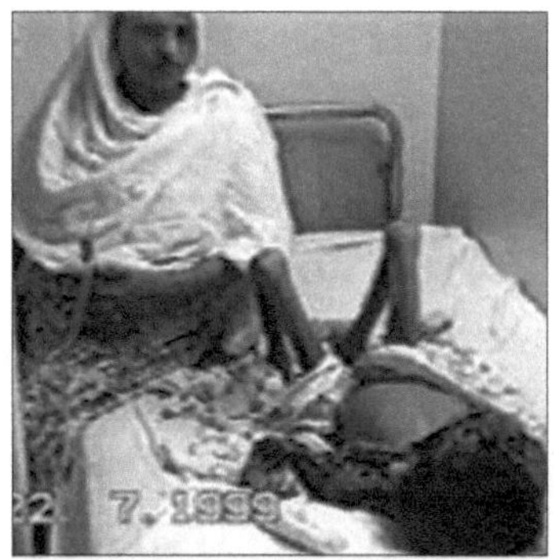
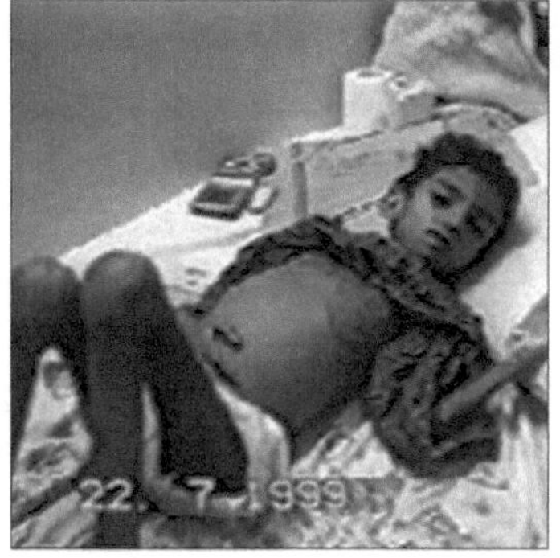

병원에 입원한 신시아
(1999년 7월 22일)

건강한 모습의 신시아 (2007)

신시아의 사진 위에 기도를 받는 모습

최상의 창조 권능

권능의 4단계 위에 또 다른 차원의 권능이 있다. 이는 창조의 근본으로 하나님께 속한 고유의 권능을 말한다. 최상의 창조 권능이란, 말씀으로 천지를 창조한 하나님 고유의 창조 권능을 의미한다. "빛이 있으라"하니 빛이 있듯이 말씀으로 명령하는 대로 역사되는 권능이다.

소경에게 "눈을 뜨라" 명령하면 보이고, 앉은뱅이를 향해 "일어나 걸으라" 하면 그 자리에서 일어나 걷는다. 성경에 기록된 예수님의 행적은 권능의 4단계보다 더 위의 권능, 곧 창조주가 가진 최상의 창조 권능으로 역사된 것이다. 이는 피조물로서 하나님으로부터 받은 권능을 통해 역사하는 차원이 아니라 태초에 하나님께서 홀로 계실 때 지닌 근본의 빛으로부터 나오는 권능이다.

요한복음 11장을 보면 죽은 지 나흘이 지나 썩어 냄새나는 나사로를 향해 예수님께서 "나사로야 나오라" 부르니 죽은 나사로가 살아나 수족을 베로 동인 채로 걸어 나왔다.

사람이 악은 모든 모양이라도 버리고 성결되어 하나님 마음을 닮은 온 영의 사람이 되며 무한한 영의 지식을 채워 가는 만큼 권능의 4단계를 넘는 그 이상의 차원으로 발전한다. 그리하여 최상의 창조 권능의 단계를 온전히 이루면 하나님께서 말씀으로 천지 만물을 창조할 때와 같이 놀라운 창조 역사가 나타나는 것이다.

큰 표적으로 시작한 새 천년

2000년을 맞아 하나님께서 작정하여 기도할 것을 주관하셨기에 나는 네 차례 작정 기도를 하였다. 산에 올라가 혼자 기도하되 아무도 만나거나 대화하지 말라고 할 정도로 기도에 전념하기를 원하셨다.

그때 교회 재정과 해결해야 할 많은 일이 무거운 짐이 되어 압박하고 있었기에 집중하여 기도하기 어려운 상황이었다. 그동안 내가 하나님과 교통하지 못했다면 과도한 스트레스로 벌써 쓰러졌을 것이다. 예수님께서도 이 땅에서 사역하는 동안 틈만 나면 산과 들에서 기도하셨다. 권능 자체이신 예수님이지만 육의 몸을 입고 계셨기에 내재되어 있는 권능을 불일 듯 나타내려면 기도를 통해 성령의 감동 감화 충만함을 입어야 했던 것이다.

2월 21일부터 10일간 1차 작정 기도를 하였다. 깊은 산 속에서 기도하면서 하루 24시간 중에서 두세 시간 잠을 자고 두 끼 식사를 하였다.

소량의 간단한 식사였기에 10분이면 충분했다. 이렇게 최소한의 시간을 제외하고는 하루 종일 무릎 꿇고 부르짖어 기도하며 쉬는 시간에는 성경을 읽었다.

"어떻게 하면 권능을 받아 창조주 하나님을 알리고 한 영혼이라도 더 구원할 수 있을까? 어떻게 하면 예수님이 우리의 구세주 되심을 알릴까? 어떻게 하면 천국과 지옥을 알려 주님을 영접하게 할까? 어떻게 하면 세계를 복음화할 수 있을까?"

나의 마음은 하나님 나라와 의를 이루기 위한 일념뿐이었다. 그러나 1차 작정 기간이 끝나고 보니 하나님 앞에 죄송하고 민망함뿐이었다. 최선을 다해 기도했지만 겟세마네 동산에서 땀방울이 핏방울로 변하도록 기도하신 예수님의 기도에 비하면 많이 부족하다고 생각되었기 때문이다. 그러나 아버지 하나님께서는 내 기도를 기뻐 받았다고 하시며 1차 작정 기도가 끝난 후 큰 선물을 주셨다.

쓴물이 단물로 변하는 큰 표적이

전남 무안군 해제면 천장리 산 153번지. 무안 만민교회가 위치한 곳이다. 지금은 육로가 연결되지만 본디 사면이 바다로 둘러싸인 죽도라는 섬에 수양관 건물이 있었다. 이를 무안 만민교회에서 매입하여 이전했다. 내 고향인 해제면 산길리 구등 마을과는 차로 약 5분 거리이다.

1999년 2월, 무안 만민교회는 수양관 건물을 교회로 개조하여 이전하였는데 당장 식수가 부족하여 많은 불편을 감수해야 했다. 동산에는 수양관 측에서 파놓은 지하수가 있지만 바닷물이 유입되어 수영장 물로 사용한다고 했다. 담임 교역자 김명술 목사는 지하수를 볼 때마다 식수로 사용하면 얼마나 좋을까 하며 안타까워했다. 이 섬에는 식수가 나오지 않기에 3킬로미터쯤 떨어진 동네에서 호스로 공급받아 생활했다. 식수 부족도 심각하지만 겨울에는 호스가 동파되어 잦은 시설공사로 물 공급에 어려움이 더했다.

어제나 오늘이나 동일하신 하나님께서

무안 만민교회 담임 김명술 목사가 구약 성경 출애굽기에서 마라의 쓴물이 단물로 변한 말씀을 읽었을 때의 일이다. 문득 나에게 기도받으면 바닷물이 식수로 변하지 않을까 생각했다.

"마라에 이르렀더니 그곳 물이 써서 마시지 못하겠으므로 그 이름을 마라라 하였더라 백성이 모세를 대하여 원망하여 가로되 우리가 무엇을 마실까 하매 모세가 여호와께 부르짖었더니 여호와께서 그에게 한 나무를 지시하시니 그가 물에 던지매 물이 달아졌더라"(출 15:23-25)

지금부터 약 3,500년 전, 홍해를 건너온 출애굽 백성은 수르 광야에서 사흘 동안이나 물을 찾지 못하자 모세를 원망한다. 모세가 하나님께 부르짖어 기도하자 마실 수 없는 쓴물이 마실 수 있는 단물로 바뀐 것이다.

김명술 목사와 성도들은 식수 문제를 해결하기 위해 기도할 뿐 아니라 나에게 무안 만민교회를 방문하여 기도해 주기를 요청하였다. 기도를 통해 바다의 짠물이 단물로 변할 수 있다는 믿음을 가진 것이다. 나는 1차 산상기도를 하면서 특별히 무안 만민교회를 위해 기도하였다. 그

무안단물 터

런데 내가 작정 기도하는 10일 동안 무안 만민교회 상공에는 밤낮 원형 무지개가 떴다고 하였다. 무안 만민교회 성도들이 작정 기도를 하는 나를 위해 금식에 동참하며 기도하였음을 뒤에 알았다.

기도를 마치고 산에서 내려온 다음 날 3월 4일, 금요철야예배가 끝난 후 김명술 목사가 무안 만민교회 기도제목을 가지고 와서 기도를 요청하였다. 나는 김 목사가 가져온 기도제목뿐 아니라, 무안 만민교회가 식수로 고생하니 바다의 짠물이 마실 수 있는 단물로 바뀌도록 기도했다. 그런데 하나님께서 이 기도를 듣고 천 리 밖에 있는 무안 지하수에 시공간을 초월한 권능의 역사를 나타내셨다.

다음 날, 김 목사가 성도들과 함께 지하수를 확인한 결과 여태껏 짜고 써서 마실 수 없던 물이 식수로 바뀐 것을 알았다.

"당회장님, 기적이 일어났습니다. 짠물이 단물이 되었습니다. 그동안 써서 먹지 못한 물이 단물로 바뀌었습니다!"

김 목사는 나에게 전화로 이 소식을 알렸고 흥분한 음성 너머에 무안 만민교회 성도들의 탄성이 들려왔다.

치료 역사가 함께 나타난 단물의 효능

단물은 약알칼리성으로 미네랄이 풍부하여 식수뿐 아니라 치료 효능도 탁월한 것으로 나타났다. 신기한 것은 사람들이 믿음을 갖고 단물을 눈에 바르니 즉석에서 쌍꺼풀이 생겼다. 위장병을 치료받고 각종 피부 질환에 효능을 체험한 사람들의 간증도 많았다.

우리 교회 이성칠 목사는 나에게 자녀 세 명을 데리고 와서 아이들의 쌍꺼풀을 보여 주었다. 원래 세 아이 모두 쌍꺼풀이 없는데 단물을 발랐더니 쌍꺼풀이 생겼다고 기뻐했다. 국내뿐 아니라 해외에도 단물을 통한 간증 사례가 많다.

지하수 밑에 우물 파이프가 설치되었는데 영안이 열린 사람은 하나님 보좌에서 빛줄기가 내려와 권능의 빛이 파이프 밑을 두른 모습을 볼 수 있다.

바다의 짠물이 그 빛을 통과하면서 단물로 바뀌는 것이다. 그동안 국내뿐 아니라 해외에서도 많은 사람이 다녀갔는데 영안이 열린 사람은 빛줄기와 단물 안에 권능의 빛이 담긴 것을 공통적으로 설명하였다.

민물에서 해수어가 살 수 없고 해수에서는 담수어가 살 수 없는데 무안단물을 넣은
수족관에서 담수어와 해수어가 함께 살아간다

2000년 3월 29일, 오현주 집사가 솥에서 펄펄 끓는 물을 퍼내다가 실수로 뜨거운 물을 그대로 목과 어깨에 뒤집어썼다.

가슴과 목 뒤까지 심각한 화상을 입은 오 집사는 곧 음성전화사서함 환자기도를 믿음으로 받았는데 화기가 나가는 것을 느꼈다. 환부에 고름이 생겨 무안단물을 바르니 고름이 빠져 나갔다고 한다.

3일 후 나에게 기도를 받았는데 일주일 만에 환부에 딱지가 앉고 떨어지면서 깨끗해졌다. 후유증없이 신속하게 치료된 것이다.

짐승도 무안단물을 마시고 살아나

내가 기도하는 장소인 갈릴리 기도처에서 생긴 일이다. 2003년 5월 어느 날이었다. 마당에서 산비둘기가 셰퍼드 근처에서 놀고 있는 모습이 보였다. 왕왕 짖어도 별로 무서워하지 않는 것 같았다. 이 광경을 보던 내가 오히려 걱정이 되었다.

"저 개가 묶여 있지만 가까이 가면 물어버릴 텐데… . 어쩌려고 옆에서 놀고 있는가?"

셰퍼드가 짖으면 비둘기가 살짝 물러났다가 여전히 주변에서 놀았는데 두어 시간 족히 지난 것 같았다. 개도 지쳤는지 더 이상 짖지 않았다.

이때 기도처를 관리하던 일꾼이 재미있는 이야기를 전해 주었다. 며칠 전 산비둘기 한 마리가 마당에 떨어져 푸드덕거리는 것을 발견했다. 비둘기를 보니 털이 많이 빠져 있었고 힘이 빠진 채 죽어갔다. 먹어서는 안 될 치명적인 독극물을 먹은 것 같았다.

그래서 어찌하든 살려보려고 기도하며 무안단물을 비둘기에게 먹였다고 한다. 무안단물을 몇 차례 먹이고 났더니 힘이 생겼는지 날아갔다는 것이다. 다음 날부터 이 산비둘기가 아침마다 이곳을 찾아와 하루 종일 마당이나 나무에 앉아 놀다가 저녁이 되면 간다고 했다. 가끔 다른 새를 데리고 와서 놀다가 간다는 것이다. 이 일이 있기 전까지 이곳에는 산비둘기가 찾아온 적도 없고 본 적도 없었다.

나는 이야기를 들으면서 새도 은혜를 안다는 것에 감동하였다. 강남 갔다가 박씨를 물어온 제비처럼 은혜를 갚고자 찾아오는 것이 아닌가? 산에 가면 친구들이 더 많을 텐데 혼자 이곳을 찾아와 떠나지 않는 모

습에 감동을 받았다. 나는 이 산비둘기 친구들이 많이 와서 놀고 가도
록 모이를 자주 마당에 뿌려 놓으라고 당부했다.

18일 동안 사투를 벌이다가 돌아온 진돌이

기도처에 진돌이라는 진돗개가 있다. 관리하는 일꾼이 하루에 한 번
풀어놓는 것이 일과인데 풀려난 진돌이는 근처 산으로 뛰어 올라갔다
가 30분 정도 지나 돌아오곤 했다. 그런데 눈이 많이 온 날 진돌이가 사
라졌다. 하루 이틀이 지나도 돌아오지 않아 걱정하며 주변을 샅샅이 뒤
져봤지만 발견할 수 없었다.

이제는 어디 가서 죽었나 보다 하고 포기할 무렵 18일 만에 진돌이가
돌아왔다. 산 속을 돌아다니다가 덫에 걸려 고생한 모습이 역력했다. 철
사를 여러 겹 꼬아 만든 와이어로프를 목에 맨 채 큰 상처를 입고 있었
다. 그동안 먹지 못해 가죽만 남은 앙상한 몰골이었나. 목에 털이 하나
도 없고 살이 패여 뼈가 보일 정도로 흉측했다. 흙 속에서 얼마나 몸부
림쳤는지 전신이 흙투성이었다. 일꾼들이 상처 난 목에 무안단물을 계
속 뿌려주었고, 물고기를 끓여 주면서 영양을 보충케 했다. 나도 진돌이
를 보고 안타까워 안수 기도해 주었다.

평소 진돌이는 나를 보아도 본체만체했다. 기도처에 갈 때 가끔씩 쓰
다듬는 것이 고작이니 별로 반가워하질 않았다. 밥을 주고 보살펴주는
사람도 냉정할 정도로 따르지 않았다.

이 일이 있고난 후 진돌이는 돌변했다. 밖에 내 차 소리만 들려도 좋아
서 뛰고 나를 보면 반가워 어쩔 줄 몰랐다. 먹이를 주고 살펴 주는 일꾼

에게도 예전과는 달리 꼬리 흔들며 얼마나 잘 따르는지 사랑을 많이 받는다.

사람이 연단을 받고 나면 성숙해지듯 진돌이도 큰 고통을 겪으며 집의 소중함과 주인의 고마움을 알게 된 듯하다. 주인을 떠나 살면 고통을 당하고 죽을 수밖에 없음을 체험하고 이제는 주인을 잘 따르는 사랑스러운 개로 변한 것이다.

세간의 오해를 FDA 검사 결과로

무안단물에 대해 세간에 오해하는 경우가 있다. 근래에 MBC 방송에서 무안단물에 대해 보도한 적이 있는데 편파 보도로 오해가 커진 듯하다. 그래서 여기에 대한 객관적인 검사가 필요함을 느끼고 박사들을 주축으로 FDA(미국 식품의약국)에 검사를 의뢰했다.

FDA는 소비자 보호를 목적으로 하는 미국 보건후생성 소속의 정부 기관이다. 주로 식료품, 의약품, 화학약품, 화장품, 식품 첨가물에 대한 안전 기준을 세우고 검사와 시험, 승인 등의 업무를 하는 곳이다.

FDA에서 무안단물에 대해 중금속 검사, 농약 잔류물 검사, 피부반응 검사, 경구독성 검사, 미네랄 검사 등 다섯 가지 분야를 검사했다. 그 결과 무안단물은 음료 검사기준에 적합하며 인체에 안전하다는 것이 종합적으로 판명되었다. 특히 인체에 필요한 주요 미네랄이 풍부하고, 칼슘은 프랑스나 독일 등 세계적으로 유명한 어떤 샘물보다 3배 이상 높게 나타났다.

무안단물이 우리 몸에 탁월함을 증명했을 뿐 아니라 영적으로도 하나님의 권능이 담긴 물임을 믿음으로 바르고 마시는 사람은 치료를 체험하고 있다.

새 술에 취하였다 비난한 사람들

주님이 부활한 후 베드로는 성령을 받았다. 베드로는 병든 사람과 더러운 귀신을 쫓아내는 등 표적을 많이 행했다. 그러자 이를 시기한 유대인들이 베드로와 사도들을 잡아 감옥에 가둔다. 바울도 귀신 들린 자를 쫓아내니 매를 맞고 감옥에 갇힌다.

천하 각국에서 온 유대인들은 오순절에 주님의 제자들이 성령 충만하여 각각 자기 나라 방언하는 것을 보고 다 놀라 이상히 여기되 성령의 역사로 받지 않고 새 술에 취하였다고 조롱하였다(행 2:1-13).

마찬가지로 우리 교회에서 나타나는 성령의 역사를 신비주의나 계획적으로 싼 섯이라고 비난하는 사람이 있는데 그런 소식을 들을 때 참으로 안타깝다. 1차 산상 기도를 마치고 오자 바다의 짠물이 단물이 되는 표적을 베푼 하나님께서는 2차 산상 기도를 통해 전과는 차원이 다른 지혜를 주었다고 말씀하셨다. 어떤 어려운 문제도 풀 수 있는 열쇠가 되는 지혜였다.

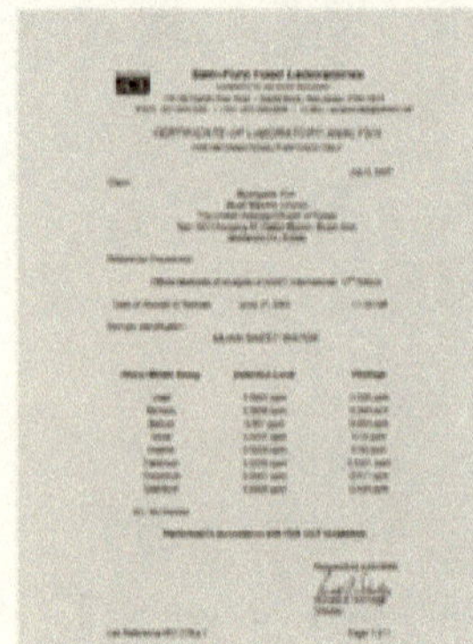

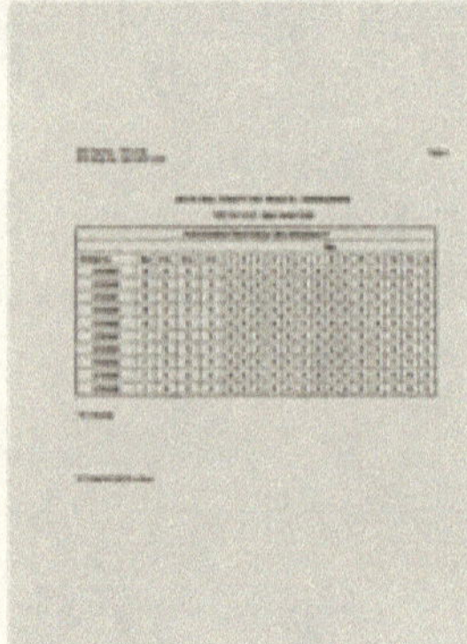

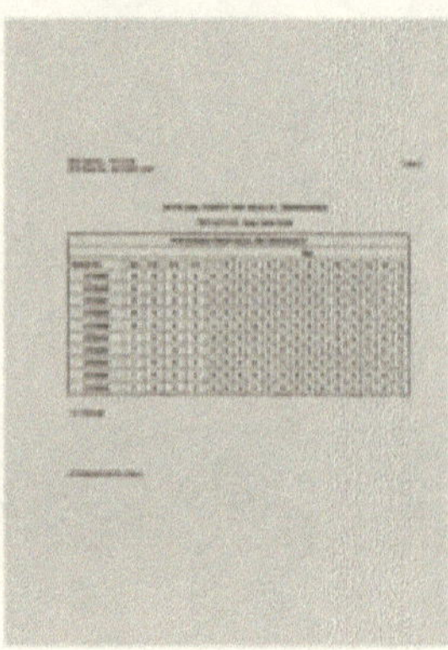

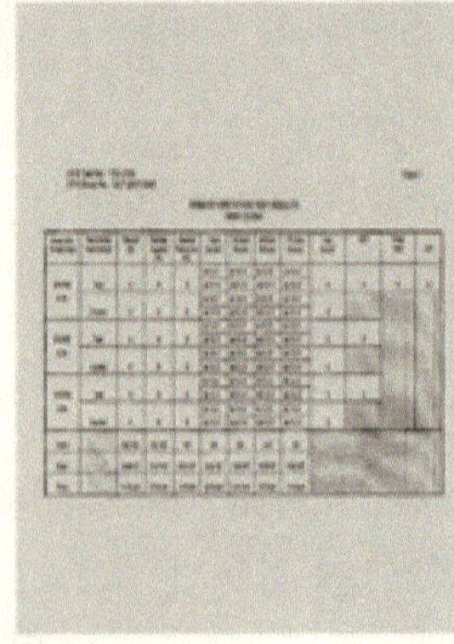

FDA검사 결과
무안단물의 안전성과
우수성이
판명되었다

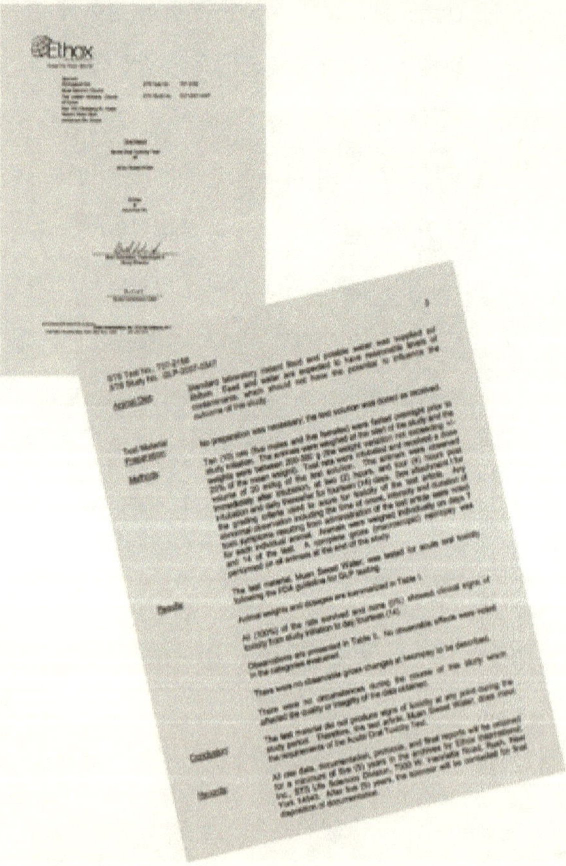

생명을 건 산상 기도

3차 작정 기도는 야곱이 환도 뼈가 부러지는 기도를 한 것처럼 그러한 기도를 하라고 말씀하셨다. 이뿐 아니라 심장이 터질 듯한 기도를 하라고 하셨으니 생사를 걸고 기도하라는 의미었다. 기도 중에 하나님께서 이렇게 말씀하셨다.

"이 성결 복음으로 영혼들을 빨리 구원하라. 입술로는 주여, 주여 믿는다 하지만 그 안에는 나를 인정할 만한 믿음이 없느니라. 그들이 진정 나를 믿는다면 무슨 일이 생길 때 병원에 의존하겠느냐? 겉모습은 거룩한 체해도 그 안에는 판단 정죄하고, 수군거리는 회칠한 무덤이니라. 소경이 소경을 인도하듯 하나님의 종이, 가르치는 자들이 수많은 영혼을 사망의 길로 인도하느니라. 이 복음을 빨리 전 세계에 알려 어떻게 해야 구원받는지 가르치고 알리라. 전 세계 영혼을 깨어나게 하라."

마지막 때를 살면서 구원받을 만한 영적 믿음을 가진 사람들이 심히 적다는 말씀이었다.

하나님께서는 모세 선지자가 어떻게 기도했는지 당시 모습을 보여 주셨다. 시내 산에서 물도 마시지 않고 십계명을 받기 위해 어떻게 기도했는지 설명해 주셨다. 시내 산은 물이나 나무, 꽃도 없고, 새 소리도 들리지 않는 곳이다. 풀 한 포기 찾기 어려운 바위와 흙뿐인 황량한 곳에서 모세는 외롭게 기도하였다. 1차 때에는 여호수아가 함께했지만 다시 계명을 받기 위해 2차 기도를 할 때에는 혼자 기도하는 모습이었다.

여든이 넘은 모세 선지자의 몸에 통통하게 살이 있을 리 없었다. 남루한 옷에 밤낮 무릎을 꿇고 간절히 엎드려 기도하니 양 손바닥에는 피가 흘러내렸고 무릎이 까져 뼈가 드러날 정도였다. 이러한 고통 속에서 밤낮 매달려 기도하여 40일 만에 응답받아 십계명을 받았던 것이다.

이처럼 계명을 받고 하나님 음성을 듣는 것이 결코 쉬운 일이 아니다. 그만큼 자신을 철저히 복종시키고 깨끗하게 해야 한다. 3차 산상 기도를 마쳤을 때 하나님께서는 내가 심장이 터지는 듯한 생사를 거는 기도를 했다고 하시면서 영계의 비밀과 앞으로 일어날 일 등을 알려 주셨다.

나는 요한복음 14장 12절 말씀에 의지하여 예수님께서 행한 권능과 갑절의 영감을 달라고 기도했다. 죄로 관영한 오늘날 보고도 믿지 않는 사람을 구원하고, 세계 곳곳에 만연한 우상과 진화론을 깨뜨리기 위해서 반드시 권능과 영감이 필요하기 때문이다. 하나님께서는 이러한 기도를 기뻐하시며 앞으로 이루게 될 것을 약속해 주셨다.

5월 부흥성회를 앞두고 4월 말에 4차 기도에 들어갔다. 하나님께서는 가족이나 교회 등 일체 아무것도 생각하지 말라 하셨다. 나는 밤낮 천국과 아버지 하나님만 생각하였고 부르짖어 기도하였다. 틈만 나면 낮에는 구름과 해를 보고 밤에는 달과 별을 보면서 하나님의 사랑과 섭리를 깨달아 갔다. 하나님께서는 영계의 비밀스런 것을 많이 깨우쳐 주셨다. 천국에 관해 더 깊이 있게 알려 주셨으며, 지옥을 관장하는 악한 영들에 대해 자세히 알려 주셨다.

4차에 걸친 작정 기도가 끝나자 앞으로 나에게 나타날 권능을 남미 이과수 폭포에 비유하시며 양 떼가 조금만 믿음을 내보여도 응답할 것임을 약속하셨다. 마침내 5월 부흥성회가 되자 나는 일일이 환자에게 안수하지 않고 단에서 전체를 위해 기도하였다. 한 번 기도했는데 갖가지 질병이 치료되고 시력이 회복되며 휠체어에서 일어나는 역사가 나타나 하나님께 감사드렸다.

하늘나라에 쌓아 놓은 상급을 허물지 말아야

2000년 6월 2일, 금요철야예배를 위해 사택에서 출발하려는데 병색이 완연한 이종규 장로가 가족과 함께 나온 모습이 보였다. 이 장로를 보니 질병을 위해 기도할 상황이 아니라 영혼 구원이 더 시급했다. 그는 말을 못하고 심한 공포에 질려 있었다. 영감으로 보니 천국과 지옥의 갈림길에서 천사와 악한 영이 서로 영혼을 데려가기 위해 싸우고 있었다. 현재 상태로는 그가 구원받기 어렵다는 것을 보여 주신 것이다. 원수 마귀는 그를 지옥으로 끌어가려고 하나님 앞에 송사하고 있었다.

사태의 심각성을 간파한 나는 이렇게 기도했다. "하늘 공중 권세 잡은 악한 영들아 물러가라. 아버지여, 저 영혼을 받으옵소서.”

주변 사람들이 깜짝 놀라 다시 한 번 나에게 질병 치료를 위한 기도를 요청하였다.

“당회장님, 이분은 봉사대 대장을 수년 동안 하고, 곧 봉사대 헌신예배에 건강하게 참석해야 하니 병 치료를 위해 기도해 주십시오.”

“방금 내 기도를 듣지 못했습니까? 기도한 대로입니다.”

기도받은 이 장로의 얼굴이 평안해지면서 눈물이 흘러나왔다. 극심한 고통에 있다가 평안을 찾았기 때문이다. 나는 장로님 가족에게 장례를 준비하라 하였다. 주변 일꾼들에게는 교회를 위해 수년간 봉사대 대장으로 수고했으니 소천하면 최대한 교회에서 마음 써 줄 것을 당부하였다.

그는 나름대로 교회를 위해 헌신했지만 간신히 구원받은 경우였다. 다음 날 6월 3일, 이 장로가 소천하였는데 하나님께서는 그가 구원받은 사람이 대기하는 장소인 윗음부에 있는 모습을 보여 주셨다. 사람들이 줄을 길게 서 있는데 그는 고개를 숙이고 있었다.

“저 아들이 왜 머리를 숙이는지 아느냐? 너에게 말씀의 꼴을 먹은 만민의 양 떼이기 때문이다.”

만민의 양 떼로 생명의 말씀을 들었고, 장로요, 봉사대 대장으로 수고했으니 3천층이나 새 예루살렘에 들어가야 할 텐데 간신히 부끄러운 구원을 받아 낙원에 들어갔기 때문에 얼굴을 들지 못한 것이다. 그나마 구원받음에 감사하여 눈물 흘리며 나를 다시 만날 때까지 기도하겠다고 고백하였음을 알려 주셨다.

그렇다면 교회를 위해 한때 충성한 일꾼이 왜 이런 부끄러운 구원을 받아야 했는가? 하나님께서 알려 주는 내용은 이러했다. 우리 교회에 세 차례 시험이 왔을 때 봉사대 대장은 누구보다 교회 성도들과 담임 목자를 위해 기도하고 지켜야 했다. 그런데 교회를 훼파하려는 악한 사람들이 지어낸 소문과 자료 등을 보고 들으면서 흔들린 것이 다.

나는 성도들에게 진리가 아니면 보거나 듣지 말고, 전하지 말라고 누누이 가르쳤고 강조하였지만 그는 불순종했다. 교회를 음해하려는 사람의 말을 듣고 마음이 요동한 것이다. 1999년 방송사건 때에도 교회와 목자를 헌신적으로 지켜야 할 위치이건만 오히려 악한 무리의 미혹에 빠져 사명을 감당하지 않았다. 이렇게 하나님을 서운하게 하니 외면당할 수밖에 없었다. 그래서 하늘나라에 쌓은 상급은 물거품이 되고, 구원조차 받기 어려운 상황이 된 것이다.

이러한 사정이 있기에 원수 마귀는 이 영혼을 지옥으로 데려가고자 송사하고 천사들은 어찌하든 천국으로 데려가려고 붙잡으니 얼마나 고통스럽겠는가? 그때 내가 원수 마귀를 눌리지는 기노를 하사 악한 영이 물러가고 구원받았던 것이다.

이렇듯 하나님 사랑받는 교회와 목회자를 이단이라 정죄하거나, 잘못되었다 전하는 것은 성령 훼방 죄가 된다. 이러한 죄를 지으면 회개해도 용서되지 않기에 구원받기 어려우며, 쌓은 상급이 모두 무너진다. 그러니 말씀을 온전히 지키며 두렵고 떨리는 마음으로 구원에 이를 수 있어야 한다.

북한에 대한 예언

2000년 6월 13일, 김대중 대통령이 평양 순안 공항에 도착하였다. 대한민국 대통령으로서는 최초로 정상 회담을 위해 북한을 방문한 것이다. 개척 때부터 하나님께서는 남북 관계가 어떻게 전개될지 몇 차례 알려 주셨다.

1983년 12월, 나는 앞으로 3년 후 이북과 교통할 것이라고 예언하였다. 당시 아웅산 폭탄 테러가 일어난 지 얼마 되지 않기에 남북 관계가 극도로 악화된 상황이었다. 그때에는 북한과 관련하여 정부 방침과 반대되는 말만 해도 국가보안법에 저촉되었다. 아웅산 테러는 1983년 10월, 전두환 대통령이 6개국 공식 순방 길에 나섰다가 첫 방문국인 버마(현 미얀마)의 아웅산 묘소를 참배하던 중 강력한 폭발이 일어나 수행원 17명이 사망하고 14명이 중경상을 입은 사건이다. 이 사건 배후는 북한 김일성으로 밝혀졌다. 남북 관계는 극도로 경직되어 교류 자체를 상상하기 어려웠다. 그러나 만 3년이 지나 1987년 1월부터 남북고위급 정치군사회담 제의, 남북총리회담 개최 제의, 단계적 군축 실현을 위한 다국적 군축협상 제의 등 남북 관계가 빠르게 진전되었다. 이어 1990년 전반기에 "금년 후반기부터 남북 관계가 활발해지며 앞으로 시간이 갈수록 더 할 것이다."고 예언하였다.

그 해 9월, 제1차 남북고위급 회담이 서울에서 열리고, 10월에는 평양에서 남북축구대회가 열리자 국민은 전혀 예기치 못한 상황에 놀랐다. 그 뒤에도 남북체육회담, 고위급회담 등 어느 해보다 활발한 남북 간의 접촉이 있었다.

개척 당시 하나님께서는 마지막 때 남북정상회담이 개최될 것과 그 다음에 어떻게 진행될 것까지 알려 주셨다. 남북이 하나 되어 대통령을 선출하자는 대화가 나오면 그때에는 내가 너희 문 앞에 이른 줄 알라고 하셨다. 주님이 공중 재림하는 시기와 맞물려 있다는 말씀이다.

남북정상회담 결과도 예언한 대로

1983년에 하나님께서 알려 주신 대로 2000년 6월 15일, 남북정상 회담이 이루어졌다. 이 회담이 있기 전 2000년 6월 4일, 주일예배에 나는 남북정상회담에 대해 앞으로 진행될 일을 미리 선포했다.

"북한이 정상회담을 하는 것에는 숨은 궤계가 있으며 우리 대표단이 여기에 넘어 가면 안 됩니다. 경제적인 이유도 있지만 이는 작은 것입니다. 성도님들이 이를 위해 기도해 주길 바랍니다."

6월 11일, 주일 예배에 나는 하나님께서 알려 주신 내용을 설명했다.

"회담은 앞으로 계속 진행될 것입니다. 1차 회담에서는 부드러운 만남으로 함께 산보도 하고 가벼운 우스갯소리도 하며 정치, 경제, 체육 등 교류가 활발하게 이루어질 것입니다. 그러나 2차부터는 저들의 간계에 의해 대통령에게 어려움이 생깁니다. 큰 어려움은 피하게 해 달라고 기도해 주세요. 여기서 산보한다는 것은 두 정상이 정답게 걸어가는 것을 표현한 것이고 친밀하게 대화를 한다는 것입니다."

실제로 6월 13일, 김대중 대통령이 평양에 도착하였을 때 김정일 위원장이 공항에 나와 환영하였다. 두 정상 간의 회담 분위기가 어색하고 딱딱할 것이라는 관측이 지배적이었다. 그러나 방북 기간 동안 김정일 위원장이 김대중 대통령과 다정하게 걸으며 친밀한 모습으로 파격적인 행동을 보여 국민이 놀랄 수밖에 없었다. 거침없는 그의 행동은 남쪽 시청자를 매혹케 했으니 '김정일 쇼크', '김정일 신드롬'이라는 말까지 등장하였다.

하나님께서 알려 주신 대로 남북정상회담은 매우 우호적으로 진행되었고 향후 회담도 약속했다. 첫 번째 회담이 성사될 때 국민들은 감격했으며, 화해 무드에 온 나라가 들떠 있었다.

치밀한 계획이 숨겨 있어

김대중 대통령이 방북 일정을 마치고 돌아온 후 6월 16일 금요철야예배와 18일 주일예배를 통해 나는 하나님께서 알려 주신 내용을 성도들에게 전했다. 북한이 우호적으로 한 많은 분야와 대통령을 환영한 것도 철저히 계획적이다. 하나님께서는 김정일 위원장이 일정을 마치고 떠나는 김대중 대통령을 환송한 후 곧바로 비밀회담 장소에 가서 무력통일에 대한 비밀회의를 했다고 하셨다. 그들은 방북한 남한 측 주요 인사들을 분석하고 누가 북한에 도움이 되는지 토의했다.

남쪽에서는 그들의 우호적인 행동에 속아 평화통일 꿈에 부풀 때 북쪽에서는 무력통일 의지를 다지면서 방법론을 모색한 것이다.

하나님께서는 김정일 위원장이 공항에 나와 대통령을 환영하는 짧은 시간을 통해 남한 국민의 마음을 사로잡았다고 알려 주셨다. 남한 국민은 그동안 북한과 김정일 위원장에게 나쁜 이미지를 가졌는데 이 회담을 통해 좋은 이미지로 바뀌었다. 목적을 이루기 위해 남한 사람의 마음을 사기 위한 계획에 성공한 것이다.

또 햇볕정책을 통해서도 남한이 원하는 좋은 결과를 얻지 못할 것을 알려 주셨다. 햇볕정책으로 원조를 받고 나면 당시에는 협조하는 것처럼 보여도 순간에 불과하다는 것이다. 겉으로는 우호적이나 속마음은 전혀 다르다고 하셨다. 이 말씀은 현실로 드러났고 그동안 북한은 핵을 준비하며 그들의 계획대로 진행해 왔다.

하나님께서는 내가 교회를 개척하고 얼마 지나지 않아 앞으로 북한이 개방할 때가 올 것을 알려 주셨다. 그 시기가 미국의 압력 등을 통해 현실적으로 가까워 오고 있다. 그때가 다가오므로 우리 교회에서는 북한 선교를 준비하는 주의 종과 평신도들이 있다.

그러나 북한이 개방하는 것도 잠시뿐, 체제에 위협을 느끼니 어느 순간 다시 문을 닫는다. 문을 닫기 전 북한 주민 외에는 모두 떠나라고 경고하지만 끝까지 남아 복음을 전하는 사람은 순교하게 된다. 복음을 전하다가 나오는 사람도 있지만 끝까지 복음을 전하다 순교하는 사람도 있는 것이다.

제5장

물이 바다 덮음같이

세계 무대에서
폭발적인 권능으로

- 본격적인 해외 선교가 시작되고
- 10명의 농아가 일시에 치료받은 나고야 성회
- 순교 각오로 출발한 파키스탄
- 죽은 자를 살리는 하나님 능력은
- 창세기를 풀어 주며 기사(奇事)를 보이시고
- 인도네시아를 달군 손수건 집회
- 우후루 공원을 진동케 한 성령의 역사
- 창조 권능은 죽은 모근도 살리고
- 최상의 창조 권능이 시작되다
- 세계무대 예언

본격적인 해외 선교가 시작되고

1982년 7월, 25평 남짓한 조그만 건물을 임대하여 교회를 개척한 후 나는 몇몇 일꾼과 함께 하나님이 주신 세계 선교와 대성전의 비전을 놓고 기도하였다. 그렇게 기도한 지 17년이 지나 새 천년을 맞이하면서 하나님의 섭리 속에 본격적으로 세계 선교가 시작되었다.

사도행전을 보면 초대교회 당시 예루살렘에는 큰 부흥이 있었다. 기독교에 대한 박해가 심해지자 성도들은 예루살렘을 피하여 곳곳으로 흩어졌다. 오히려 박해를 통해 성도들의 믿음은 더욱 견고해졌고 기독교를 세계로 전파하는 계기를 마련했다. 이처럼 원수 마귀가 아무리 훼방해도 하나님의 뜻과 섭리는 반드시 이루어지는 것이다.

우리 교회 역시 개척 이후 초대교회처럼 성령 충만함과 기사와 표적이 나타나며 급속히 부흥하자 원수 마귀는 교회를 무너뜨리고자 했다. 그러나 시험이 올 때마다 믿음과 사랑으로 승리하니 하나님께서는 더욱 큰 권능의 옷을 입혀 2000년 7월, 우간다를 시발점으로 하여 본격적인 세계무대에 진출하도록 섭리하셨다.

세계 선교의 출발점, 우간다

아프리카의 진주라고 불리는 우간다는 하나님 은혜가 간절히 필요한 곳이다. 빈곤과 질병, 내란 위험뿐 아니라 당시 공식 통계로 전 국민의 30%가 에이즈 환자라고 하였다. 이 죽음의 병이 빠르게 확산되는 심각한 상황이었다. 또한 이슬람 세력이 세계적으로 확장되는 추세인데 우간다 역시 이들로 인해 기독교계가 비상이었다.

우간다 연합대성회 강사로 집회를 인도하면서 왜 하나님께서 이 나라에 나를 보내셨는지 피부로 실감할 수 있었다.

런던에서 나이로비로 향하는 비행기에서 창밖을 보니 원형 무지개가 보였다. 원형 안에 비행기 형상이 들어 있는 기묘한 무지개였다. 그 후 선교를 하기위해 비행기 탈 때마다 3중 원형 무지개, 일자 무지개 등 희한한 무지개가 계속 나타났다.

2000년 7월 4일, 우간다 국제공항에 선교팀과 함께 도착하였다. 공항에는 제호아 은깡기 법무부장관을 비롯하여 대통령 종교담당보좌관, 캄팔라 시장 등 정계 및 교계 지도자가 영접하러 나왔으며, 전통 복장을 한 현지인들이 열광적인 환호와 춤으로 환영했다.

공항에서 숙소로 향하는 도로에는 많은 사람이 손을 들어 반기는 모습을 볼 수 있었고 시내 곳곳에 집회를 알리는 커다란 포스터가 붙어 있었다. 이미 텔레비전을 통해 수차례 집회 광고가 나갔기 때문에 현지

언론도 큰 관심을 보였다. 캄팔라 시 나일 호텔에서 가진 기자 회견에
CTV 등 많은 언론인이 함께하였다. 나는 이 자리에서 소경이 눈을 뜨
고 앉은뱅이가 일어나 걷는 등 기적이 크게 나타나 하나님께 영광 돌리
게 될 것을 약속하였다.

그런데 성회가 홍보되면서 원수 마귀 사단은 이 집회를 훼방하고자
하였다. 한국 선교사를 중심으로 나에 관한 갖가지 유언비어와 거짓
소문을 퍼뜨리고 언론을 동원하여 집회가 열리지 못하게 한 것이다.

그러나 아프리카 인의 하나님을 향한 순수한 신앙은 집회를 훼방하
는 한국 선교사들이 예상한 것과 전혀 다른 반응으로 나타났다. 그들
의 방해공작이 오히려 집회를 널리 알리고 정부 지도자는 물론, 언론
이 큰 관심을 갖도록 작용했다.

대성황을 이룬 교회 지도자 세미나

7월 5-6일, 캄팔라 국제회의장에서 교계 지도자 세미나가 진행되
었다. 우간다 교회 지도자뿐 아니라 케냐, 탄자니아 등에서 참석한
수천 명의 목회자로 열기가 가득했다. 세미나 장소 복도까지 빽빽하
게 메웠다.

나는 '하나님께 성결'이라는 말씀으로 설교했다. 이들은 진지하게 경
청하며 도중에 하나님께서 역사하는 기사와 표적을 소개하면 큰 박수
와 환호로 영광을 돌렸다. 하나님의 역사를 마치 자신이 체험한 것처럼
순수하게 기뻐했다.

우리나라에서는 하나님의 역사가 나타났다면 무조건 이상한 눈으

로 보고 잘못되었다고 정죄하거나 방해하려는 사람들이 많은데 이와 대조적이었다. 이들은 하나님 말씀을 그대로 믿는 순수한 마음을 갖고 있었다.

폭발적인 치료 역사가 나타난 대성회

다음 날부터 3일 동안 나끼부보 경기장에서 대성회가 시작되었다. 첫 날에는 약 7만 명이 운집한 가운데 집회가 시작되었다. 준비위원장 그리바스 무시시 목사의 사회로 진행되었는데 나는 '창조주 하나님'에 대하여 말씀을 전하였다. 설교는 영어와 우간다어로 통역했기 때문에 실제로 말씀을 전하는 시간은 20분 정도에 불과했다.

말씀이 끝난 후 환자를 위한 기도도 5분 정도였다. 짧은 기도였지만 첫날부터 치료 역사가 폭발적으로 일어났다. 단 아래 쪽을 보니 움직이지 못하는 여성 환자가 누워 있었다. 주변에 가족인 듯한 사람이 여인을 흔들어 보았는데 시체와 같은 처참한 모습이었다. 그런데 환자 기도가 끝나자 벌떡 일어나 단으로 걸어 올라오는 것이 아닌가? 이 모습을 본 사람들이 흥분하였다.

다리에 심한 화상으로 걷지 못한 소녀가 걷고, 한쪽 다리가 손가락만큼 짧은 사람이 정상적으로 걸어 다녔다. 이 외 에이즈, 피부병 등 하나님의 기적을 체험한 헤아릴 수 없는 많은 사람이 간증하기 위해 몰려들었다.

둘째 날과 셋째 날에는 더욱 강한 하나님 역사가 나타났다. 곳곳에서 목발과 지팡이를 던진 채 걸어 나오자 특유의 탄성이 터져 나왔고 취재 기자들의 플래시가 쉴 새 없이 터졌다. 현장을 중계하는 기자는 흥분하여 목소리 톤을 높였다.

14년 동안 목발에 의지하던 사람이 목발을 버리고, 눈먼 사람이 보기 시작했으며, 어떤 성도는 암으로 걸을 수 없었는데 치료되어 걸어 다녔다. 여섯 살 된 어린이가 말 못하고 걷지 못했는데 말문이 트이고 걸었다.

CNN에 보도되어

성회 장소는 치료받은 사람들이 간증하는 소리, 박수와 환호성이 뒤섞여 감동의 도가니가 되었다. 어떤 이들은 손수건을 흔드는가 하면, 의자를 거꾸로 들고 춤을 추었다.

우간다 국영방송을 비롯하여 WBS TV 중계차가 나와 실황을 전 지역에 생방송으로 송출했다. 4개 채널에 생생한 감동의 현장이 연일 보도되었고 라디오 방송에서도 생중계되었다. 세계적인 뉴스 전문채널 CNN과 영국 방송사에서 취재하는 모습도 보였다.

"이재록 목사는 하나님의 권능을 통해 예수 그리스도의 기사와 표적을 나타내 하나님의 사람임을 보여 주었습니다. 하나님께로부터만 올 수 있는 기사와 표적입니다…"

집회가 끝난 후에도 CNN에서 하나님 권능의 역사를 세 차례나 보도했다. 하나님께서는 이렇게 해외에서 먼저 하나님의 역사를 널리 알리도록 섭리하셨다. 치유를 체험한 성도들이 단에서 간증하는 동안 살아 계신 하나님의 역사를 직접 보고 믿음이 생긴 사람들이 손수건을 잔뜩 모아 와서 기도받기를 요청하였다.

CNN 보도

　깨알 같은 글씨로 가득한 기도제목, 편지, 사진이 수북하였다. 나는 일일이 기도해 줄 시간이 없기에 손을 얹고 '믿습니다' 기도하고 돌려보냈다. 그러면 또 다른 사람들이 기도받고자 무더기로 가져왔다. 순수하고 생명력 있는 말씀과 부인할 수 없는 권능의 역사를 본 우간다 교계 지도자들은 새로운 믿음을 가지며 힘을 받는 계기가 되었다고 고백하였다.

　집회가 끝난 후 나를 찾아와 그동안 방해한 것을 무릎 꿇고 회개하는 목회자도 있었다. 성회 준비위원들도 회개하는 전화를 많이 받았다고 한다. 나를 오해하여 하나님의 사람임을 알지 못하고 훼방했으니 어찌

하면 좋겠느냐는 것이다.

순수한 믿음으로 권능의 역사를 받아들이고

하반신 마비로 걷지 못한 스물두 살 된 자매는 이슬람교도였는데, 집회에 참석하여 치료받았다. 이슬람교 측에서는 비상이 걸려 "그 집회에 가서 치료받았다고 하지 말라!"고 함구령을 내렸다. 자매는 "나는 집회에 참석하여 치료받았으니 이 사실을 말할 수밖에 없다."고 했다는 소식도 전해 왔다.

우간다 사람들은 심령이 가난하여 성결 복음과 권능의 역사를 순수하게 받아들였다. 주의 종이나 양 떼를 구분할 것 없이 주변에서 누가 치료되면 자신의 일처럼 기뻐 뛰며 환호하였다. 성회가 끝난 뒤에도 한 참동안이나 사람들이 흩어지지 않는다는 소식을 들으면서 나는 이들의 순수하고 선한 마음에 감동했다.

영안이 열린 사람은 성회 장소 주변에 불말과 불병거(왕하 6:17)가 가득 두른 것을 보았다고 간증했다. 하나님께서 이를 통해 원수 마귀 역사를 물리친 것이다. 불말과 불병거는 하늘 군대가 함께했다는 의미이다.

집회를 마치고 우간다 국민을 위해 기도하였을 때 하나님께서는 이들이 뜨겁게 마음 다해 찬양하지만 말씀은 제대로 모른다고 하셨다.

"이 나라 사람들은 마음 다해 찬양하며 하나님께 영광을 돌리고 있다. 찬양 중에 있는 하나님은 알지만 말씀 가운데 있는 하나님은 알지 못한다. 그런데 네가 이번에 말씀 가운데 있는 하나님에 대해 확실하게 심어 주었노라."

이 집회는 방송과 언론을 통해 하나님 말씀과 권능의 역사가 크게 알려졌기에 우간다 기독교계가 하나 되어 힘을 받는 계기가 되었다.

열 명의 농아가 일시에 치료받은 나고야 성회

우간다 성회가 끝나자 하나님께서는 일본에서 집회를 할 수 있도록 인도하셨다. 일본은 8백만 우상을 섬기는 나라로 기독교인이 1%에도 미치지 못한다. 1992년 우리 교회에서 열린 한일 연합성회를 통해 은혜 받은 일본 목회자들이 그 후 지속적인 교제와 후원을 요청하였다. 1994년 처음 선교사를 파송하여 지교회가 설립되고 나서부터 일본 선교가 시작되었다.

2000년 9월 14일부터 나고야 항만회관에서 집회가 열릴 예정인데 11일부터 태풍의 영향권으로 집중 호우가 내렸다. 연일 뉴스에서 나고야 시내가 물에 잠긴 모습을 보도하였고 태풍이 대한해협을 거쳐 우리나라 전역에도 큰 영향을 미칠 것을 전망하였다.

일본에서는 3만여 채 가옥이 물에 잠겼고, 나고야 시에서는 17만 명에게 피난 명령을 내릴 정도로 사태가 심각했다. 열차 운행이 중단되는 등 도시 기능이 마비된 것이다. 집회가 예정된 주간에 나고야 지역은 호

우주의보가 발효된 상태였다.

그런데 9월 13일, 우리 선교팀이 일본 공항에 도착하는 날 폭우가 멎고 시내의 물이 빠져나가 맑은 가을 날씨 속에 진행되었다. 9월 14일부터 15일까지 열린 이 집회에서 우리 교회 닛시오케스트라와 공연팀이 수준 높은 공연을 펼쳐 기독 문화 예술의 진수를 선보였다.

이 집회에는 소리를 전혀 들을 수 없는 농아가 전단을 보고 13명이나 참석하여 눈길을 끌었다. 이들을 위하여 수화로 동시통역을 했는데 시종 진지한 분위기 속에서 한 마디도 놓치지 않고자 열심히 말씀을 이해하며 은혜받는 모습이었다.

셋째 날 환자 기도 시간이었다. 이날 하나님의 긍휼하심 속에 10명의 농아가 일시에 치료되는 기적이 나타났다. 이제는 소리가 들린다고 기뻐하며 간증하는 모습은 감동적이었다.

니시오 센비로 자매는 "태어날 때부터 전혀 소리를 들을 수 없고 2년 진부터 귀울림까지 생겼는데 이러한 증상이 사라지고 소리가 소금씩 들립니다." 하며 기쁨을 감추지 못하였다.

순교 각오로 출발한 파키스탄

국민 전체의 97%가 이슬람교도인 파키스탄은 헌법에 종교 자유가 있지만 기독교인이 많은 불이익을 감수해야 하는 나라이다. 부당한 폭력이나 살해당해도 법적 권리를 주장하기 어려울 정도로 핍박이 심하다. 모슬렘끼리도 파가 갈려 집회 때에 폭탄 테러가 일어날 정도인데 하물며 그들이 싫어하는 기독교 집회는 오죽하겠는가?

그래서 파키스탄에서 복음을 전하는 것은 순교를 각오해야 하는 일이었다. 이 성회를 위해 기도했을 때 하나님께서는 "집회가 열리기 전까지 온갖 방해가 있을 것이다. 그러나 내가 고위 관료를 주관하여 돕도록 할 것이니 염려하지 말라. 아무 사고 없이 집회가 열릴 것이고 너는 크게 영광 돌리고 돌아오리라."고 하셨다.

2000년 10월 16일, 홍콩을 거쳐 방콕을 향해 가는 기내에서 창밖을 보니 선명한 4중 원형 무지개가 보였다. 하나님께서 무지개를 보여 주신 것은 나흘간의 파키스탄 성회를 4단계 권능의 빛으로 보장하는 언약의 징표라는 깨달음이 왔다. 성회 주최 측 준비위원회 목회자와 기자들이 공항에서 기다리고 있었다.

꽃다발을 들고 기다리던 윌슨 존 길 목사와 딸 신시아가 달려와 반겼다.(신시아 치료 역사는 3부에서 소개하였다.) 언제 아팠느냐는 듯 건강한 소녀로 성장해 있었다.

라호르 시내에 들어서니 곳곳에 대형 집회를 알리는 포스터가 붙어 있었다. 언론을 통해 홍보가 많이 되었는데 이슬람교도들에 의해 곳곳에서 포스터가 찢기고 폭탄 테러 위협까지 있었다고 한다.

10월 18일, 준비위원회 측은 아바리 국제호텔에서 환영 만찬회를 마련했다. 문화체육, 청소년, 관광부를 담당하는 S.K. 트레슬러 장관을 비롯하여 편잡 주 법무부 장관, 전 파키스탄 대법원장 등 파키스탄 주요 인사가 많이 참석하였다.

만찬이 시작되기 전 상상하지 못한 일이 일이났다. 편잡 주 이슬람 최고 의원인 압둘라 씨가 휠체어를 타고 자신의 불편한 다리를 기도받고자 온 것이다.

모슬렘은 기독교인과 접촉하는 것조차 통제하고 있는데 더구나 이슬람 수장이 내 앞에 와서 기도받는 것은 큰 결단이 필요한 일이었다. 나는 근엄하게 보이는 이슬람 수장에게 기도하면서 이는 이 집회의 영적 싸움에서 이미 예수 그리스도가 승리한 표징임을 깨달았다.

이번 집회가 회교 국가에서 열리는 만큼 파키스탄 정부의 지원 없이는 열기 어려운 상황이었기에 하나님께서 여러 도움의 손길을 예비하고 계셨던 것이다.

굳게 닫힌 철문을 사이에 두고

10월 19일 오전 9시, 목회자 세미나가 시작되는 날이다. 아침에 갑자기 세미나가 취소되어 철도청 스타디움이 봉쇄되었다는 소식이 들려왔다. 그동안 파키스탄 정부로부터 허가를 받아 차질 없이 진행되고 있던 상황이었다.

내가 집회 장소에 도착해 보니 무장 경찰이 문을 잠근 채 접근을 막았다. 선교팀이 문을 열라고 요구하자 경찰이 내 차와 뒤따른 경호차만 들어가도록 철문을 열었다. 다시 철문이 굳게 닫히고, 총과 수류탄으로 무장한 경찰들이 멀리서부터 운동장으로 들어오는 버스들의 진입을 통제하였다.

회교도들이 주정부에 집회를 취소하라는 압력을 넣자 정부가 안전상의 이유로 취소했다는 것이다. 이미 운동장 안에는 철문 봉쇄 전에 도착한 현지 목회자들이 찬양과 기도를 하고 있었다. 시간이 지날수록 경찰들은 더욱 심하게 저지했다. 먼 지역에서 수십 시간 걸쳐 버스를 타고 온 많은 사람이 경찰 통제로 운동장 근처에 오지 못했다. 멀리 철문 밖에서 사람들의 찬양과 기도소리가 들렸다.

나는 하나님께 맡기고 기도하였는데 "어느 누구도 이 집회를 방해하지 못할 것이며 12시가 되면 철문이 열릴 것"이라는 응답이 왔다.

"12시가 되면 세미나가 시작될 것이니 염려하지 마세요."

현실적으로는 여전히 무장한 경찰들이 가로막았고, 눈에 띄는 변화는 없었지만 함께한 일꾼들도 '12시면 세미나가 시작된다'고 믿음을 고백하는 모습을 볼 수 있었다.

하나님께서 예비하신 손길을 통해

그런데 이 믿음의 고백대로 12시가 되면서 굳게 닫힌 스타디움 운동장 철문이 거짓말같이 활짝 열렸다. 수많은 사람이 두 손을 흔들고 환호하며 당당하게 들어오는 모습이 마치 전쟁에 승리한 개선장군처럼 보였다. 세미나가 봉쇄된 소식을 들은 S.K. 트레슬러 장관이 주정부 관계자들과 경찰에게 전화를 걸어 집회를 열도록 중재한 후 급히 달려온 것이다. 그는 이슬라마바드로 출발하려다가 이 소식을 듣고 일정을 연기하였다고 한다. 멀리 외곽에서 집회가 열리기를 안타깝게 기도하며 기다리던 사람들이 이 소식을 듣고 환호하며 달려왔음은 물론이다.

곧 시작된 목회자 세미나에 트레슬러 장관이 축사를 했다. 이틀간 세미나를 통해 나는 교회 성장 비결과 십자가의 도에 관해 전했다. 환자 기도를 하자 귀신에 사로잡혀 몸을 뒤틀던 소녀에게서 귀신이 떠나고, 14년 된 중상이 사라지고, 들리지 않던 귀가 들리는 등 고통의 사슬에서 벗어난 사람들의 간증이 계속되었다. 국영 TV 등 방송과 언론, 사람들의 입소문을 통해 이 소식이 빠르게 전해졌다.

성회 장소 밖에서도 인산인해를 이루고

10월 20일 오후 7시, 저녁 어스름이 깔릴 무렵 버트 인스티튜드에서 집회가 시작되었다. 목회자 세미나가 성공적으로 끝나면서 사람들이 쉴 새 없이 몰려들었다. 사흘 동안 매일 십만 명 이상 구름 떼처럼 몰려 인산인해를 이루었다. 전국에서 기차와 버스 등으로 수십 시간에 걸쳐 도착한 사람들로 이미 집회 장소는 콩나물시루처럼 입추의 여지가 없었다. 안타깝게도 들어오지 못한 사람들은 외곽에서 스피커를 통해 말씀을 듣고 은혜받았다고 한다. 소리가 들리지 않는 곳에서는 많은 사람이 되돌아갔다는 소식도 들려왔다.

첫날에 비해 둘째 날과 셋째 날에는 인파가 더 늘어나 성회 장소 밖에도 인산인해를 이루었다. 첫날 집회를 막던 경찰의 태도가 호의적으로 변해 행사가 안전하게 끝날 수 있도록 협력하는 파수꾼 역할을 하였다. 총과 수류탄으로 중무장한 많은 병력을 동원하여 단상을 지키며, 우리를 종일 보호했다. 성회 장소 주변의 치안과 질서를 위해 철저히 경비망을 쳐서 안전에 만전을 기하였다. 고위 관료와 교계 최고 지도자가 집회에 대거 참석하였고, 연일 국영 TV 방송사 및 언론에서 나온 기자들의 취재 열기로 가득했다. 이 집회 소식은 주변 중동 국가 및 회교권 지역에 빠르게 보도되었다.

나는 예수가 우리의 구세주가 되신 이유에 대해 설교하였다. 예수 그리스도의 이름으로 기도할 때 질병과 각종 문제가 해결되며 천국에서 영생을 누릴 수 있음을 강조하였다. 청중은 영어와 우르두어로 통역되는 말씀을 진지하게 경청했다. 이 집회에는 수만 명의 이슬람교도가 참석하였다. 주최 측에서는 참석한 사람들 중 모슬렘이 50−60%를 차지한다고 했다. 나는 청중에게 예수님이 구세주라고 믿는 사람은 손을 들어보라고 했더니 대다수가 손을 들었다. 매우 기쁘고 감동적인 순간이었다.

3일 동안 설교가 끝나면 전체 환자를 위한 기도를 하였다. 나는 한 영

파키스탄 연합대성회

혼이라도 더 치료받게 하려고 창자가 끊어질 듯 간절히 부르짖어 기도하였다. 애절한 기도에 하나님께서는 폭발적인 성령의 역사로 함께 해 주셨다. 환자기도가 끝나면서 치유를 체험한 사람들이 간증하고자 몰려들어 순식간에 단상에는 사람들로 가득 찼다. 이 집회에 헤아리기 어려울 정도의 많은 사람이 치료 역사를 경험하였다.

각종 풍토병이 치유됐으며 귀신이 떠나갔다. 볼 수 없던 눈이 보이고, 들을 수 없던 귀가 들렸다. 태어날 때부터 소아마비로 걷지 못한 한 자매는 왼쪽 다리가 5센티미터나 늘어나 정상으로 걸어 다녔다.

이번 선교는 우리 성도들이 금식과 기도, 선교 헌금을 정성껏 심었기에 가능한 일이었다. 두 렙돈일지라도 선교 헌금을 믿음으로 심은 손길이 많았다. 하나님께서는 이렇게 동참한 사람들마다 이 땅에서도 축복을 받지만 천국에 황금 보석으로, 아름다운 상급으로 쌓였음을 알려 주셨다.

파키스탄 성회를 기뻐하신 하나님께서는 성회가 끝난 후 우리 교회와 국내외 지교회까지 창조의 빛으로 두르셨다고 말씀하셨다. 그래서 성도들이 성전에서 기도하면 기도의 능력을 받기 쉽고, 죄를 버리기 쉬우며, 믿음으로 실천할 때마다 축복이 달라질 것을 말씀하셨다.

또한 나에게 불검을 선물로 주셨다고 했다. 창조의 빛이 모든 어둠을 물리친다면 불검은 쪼개고 깨뜨리는 역사가 따른다. 뼈에게 붙으라 명하면 붙는 등 나의 말을 하나님께서 그대로 보장해 주시며 창조 역사가 따르는 능력의 검이라고 하셨다.

죽은 자를 살리는 하나님 능력은

2001년 5월 6일, 주일예배 시간에 교회 상공에 해를 중심으로 선명한 원형 무지개가 나타났다. 다음 날인 월요일부터 '믿음으로 모든 세계가 하나님의 말씀으로 지어진 줄을 우리가 아나니'라는 주제로 제9회 2주연속 부흥성회가 시작되는데 하나님께서 함께하신다는 언약의 징표였다.

집회 기간 동안 교회 상공에 원형 무지개와 일자 무지개를 볼 수 있었다. 이 집회에서 후복막 전이암, 백혈병 등 환자에게서 많은 치료 역사가 나타났다.

일본에서 온 야마자키 히로미 성도는 10년 전부터 허리가 90도로 굽어 매우 불편한 생활을 하였다. 그러던 중 부흥성회 첫 주 집회를 일본에서 인터넷 예배로 드렸는데 환자를 위한 기도를 받을 때 튀어나온 허리뼈가 정상이 되고 통증이 사라졌다. 놀란 히로미 성도는 가족과 함께 한국에 와서 부흥성회에 참석하였다. 5월 17일, 기도받을 때에 성령

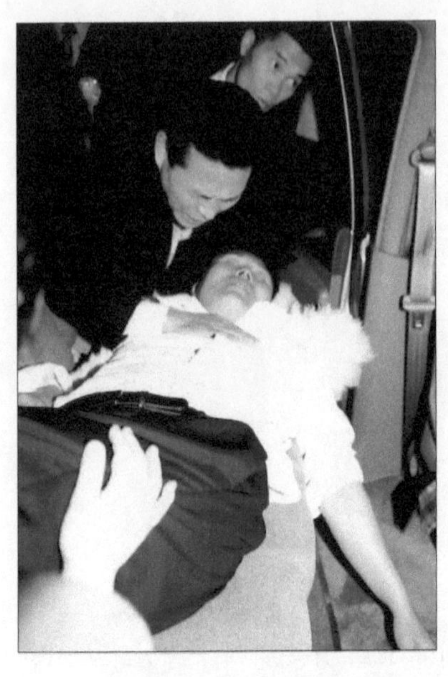

의 불이 임하여 온몸에 땀이 나더니 굽은 허리가 똑바로 펴졌다.

또 일본에서 온 우에다 히데오 성도는 당뇨와 간염과 알콜 중독으로 고통받다가 주변 사람들의 부축을 받으며 간신히 집회에 참석하였다. 기도받을 때에 머리에서 쓰레기 같은 것이 떨어져 나가는 것 같은 느낌이 들었다고 하는데 새 힘이 생겨 걸을 수 있었다.

이미 몸이 차갑게 굳어 있는데

5월 8일, 교구장으로 사역하는 이재호 목사에게 일어난 일이다. 가족이 전해 준 상황은 이러했다. 이날 새벽부터 갑자기 구토를 하다가 오후 2시경에는 몸을 가누지 못할 정도가 되었다. 설사와 구토로 탈수현상이 계속되면서 오후 5시경에는 혼수상태에 빠진 것이다. 체내의 물이 급속히 빠지면서 피부가 쪼그라들고, 항문이 열리면서 거품 섞인 하얀 액체가 흘러나오는 죽음 직전의 현상까지 나타났다.

평소 건강하였는데 불과 몇 시간 만에 일어난 일이다. 이재호 목사를 차에 태운 가족은 저녁 집회 시간에 교회에 도착했다. 가족은 내가 이 소식을 알면 집회를 인도하는 데에 지장이 있을까 하여 끝날 때까지 기다렸다. 그때 이재호 목사는 온몸에 마비가 일어나면서 근육 뒤틀림이 몇 번 반복되더니 완전히 의식을 잃었다.

밤 11시경 집회가 끝난 후 소식을 들은 나는 급히 밖으로 나왔다. 차 안에 이재호 목사가 죽은 듯 누워 있었다. 눈동자가 풀리고 몸은 차갑게 굳은 상태였다. 가족은 내가 손만 얹어도 살아날 것이라는 믿음으로 몇 시간 동안 기다렸다. 죽은 자도 살리는 하나님을 믿고 기도하였을 때 그대로 응답하셨다. 기도를 마치는 순간 이 목사의 몸이 풀리면서 의식이 돌아왔고, 약 5분 만에 몸을 추스르고 일어났다. 죽었다 살아난 이재호 목사는 인생을 덤으로 산다며 현재 라틴아메리카 선교사로 활발하게 사역하고 있다.

현재 라틴아메리카 선교사로 사역하고 있다 (페루 쿠스코 시청에서)

창세기를 풀어 주며 기사(奇事)를 보이시고

하나님께서 창세기를 풀어 주셨다. 2000년 12월 1일 금요철야예배에 창세기 강해를 시작하여 약 6년 만에 마쳤다. 하나님은 천지만물을 창조한 분이시기에 창세 이전부터 자세히 알려 주실 수 있다. 오늘날 아무리 과학과 지식을 동원해도 태초에 관한 일은 알 수 없다. 모든 것을 만드신 하나님께서 알려 주셔야 알 수 있는 것이다.

그렇다면 이 말씀이 참임을 어떻게 믿을 수 있는가? 하나님께서는 그동안 성경에 기록된 구약부터 신약까지 놀라운 권능의 역사를 우리 교회를 통해 무수히 보여주신 뒤 창세기를 설명해 주셨다. 예수님께서 "너희는 표적과 기사를 보지 못하면 도무지 믿지 아니하리라"(요 4:48)고 하셨듯이 요즘 세대에는 증거가 있어도 잘 믿지 않기에 하나님의 살아 계신 역사를 나타내는 것이 더욱 절실한 것이다.

2001년 4월 5일, 강원도 횡성에서 여선교회 주최로 기관장 교육이 실시되었다. 이 교육에는 특별한 프로그램이 있는데, 바로 '구름 보기'였다. 이미 1월에 교육을 주관한 여선교회에서 정한 것이다. 이전에는 별이나 유성 등에 관한 기사를 하나님께서 많이 보여 주셨기에 이번에는 구름 보기를 한 것이다. 나는 하나님께 이 행사를 놓고 기도하였다.

"하나님, 기관장 교육 때 구름 보기를 하니 구름으로 역사해 주세요."

"내가 온갖 구름의 파노라마를 보여 주겠노라."

기도에 응답받은 나는 3월 30일 금요철야예배와 주일예배 때 미리 성도들에게 알렸다.

"하나님께서 행사 시간에 맞추어 지금까지 우리에게 나타난 구름 형상을 파노라마로 펼쳐 보일 것입니다."

사실 이미 몇 개월 전에 계획된 일이기에 상식적으로 생각해 보면 행사 당일에 비가 올지, 하늘에 새카만 구름으로 가득할지, 맑은 하늘이 될지 아무도 예측할 수 없다. 그러나 내가 입술로 고백하고 기도한 것은 하나님께서 항상 응답하셨기에 담대히 말할 수 있었다.

이날 아침 8시부터 성우 리조트 상공에는 선명한 원형 무지개가 빛났다. 오전에는 리조트의 실내 체육관에서 교육이 실시되었다. 같은 날 오후 3시 야외 운동장에는 전국에서 온 수천 명의 성도로 가득하였다. 하나님께서 어떻게 역사하실지 기대하며 운동장에 나가 보니 구름 한 점 없는 맑은 하늘을 볼 수 있었다.

구름 보기를 위해 기도하면서 행사가 시작되었다. 성도들이 운동장을 돌면서 사열식을 하였는데 바로 그때였다. 해 주변에서 양떼구름이 쏟아져 나와 천천히 하늘을 뒤덮으며 서쪽에서 동쪽으로 이동했다. 하늘에 있는 구름이 이동하는 것이 아니라 하늘 문이 열려 구름이 쏟아져 나온 것이다. 양 떼 구름이 하늘을 가득 덮었다 사라지고, 승리의 표시인 V자형, 선지자의 형상, UFO 구름 등 다양한 구름이 만들어졌다 사라지기를 반복하였다.

더구나 하늘에서 구름이 나와 두텁게 해를 가리니 해가 달처럼 보였다. 마치 밤처럼 느껴질 정도로 사방이 어두웠다. 다시 해 주위에서 구름이 걷히고 다른 형태의 구름이 나타났다. 출애굽 때에 하나님께서 이스라엘 백성을 어떻게 구름기둥으로 인도했는지 보여 주신 것이다.

이렇게 천기를 움직이는 기사를 통해 창세기에 나오는 하늘의 창이 열리고, 하늘 문이 열리는 기록을 이해할 수 있게 하셨다. 약 1시간 30분 동안 창조주 하나님께서 펼친 구름의 파노라마는 그 어디에서도 볼 수 없는 장관이었고 감동과 황홀함 자체였다.

인도네시아를 달군 손수건 집회

2001년 4월 19일부터 29일까지 우리 교회 부목사와 선교팀에 의해 인도네시아 이리안자야 4개 도시 순회 집회가 열렸다.

"제자들이 나가 두루 전파할새 주께서 함께 역사하사 그 따르는 표적으로 말씀을 확실히 증거하시니라"(막 16:20)

선교팀은 믿음으로 기도받은 손수건을 사용하여 담대하게 집회를 하였다. 나는 손수건에 기도해 달라고 요청할 때마다 "이 손수건에 창조의 권능을 불어넣어 믿음으로 행할 때마다 죽어가는 사람들과 죽은 사람도 살아날 수 있도록 역사해 주옵소서."라고 기도하는데 믿음으로 얹고 기도할 때마다 강한 성령의 역사가 나타났다.

하나님께서는 매 집회 때마다 불같은 성령의 역사로 함께하셨다. 선교팀이 생명의 말씀을 전한 후 손수건을 얹고 기도해 주었을 때 악귀가 나가고, 태어날 때부터 걷지 못한 어린이가 걷고, 귀머거리가 듣는 등 많은 표적이 나타났다. 현지 언론에서도 큰 관심을 갖고 집회를 보도하

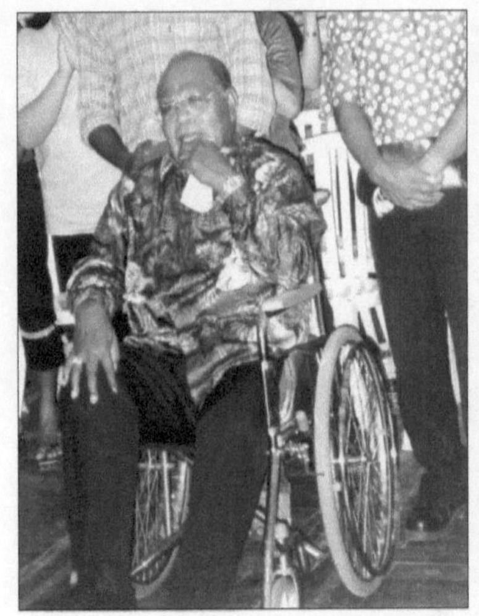

손수건 기도를 통해 휠체어에서 일어나 걷는 야곱 빠띠삐

며 현지 방송국에서 선교팀을 초청하여 생방송하였다.

휠체어에서 일어난 주지사

이리안자야 전 주지사인 야곱 빠띠삐 씨는 65세로 1996년 고혈압으로 쓰러져 중풍이 왔다고 한다. 집회에 휠체어를 타고 참석한 그는 네 명이 부축해야 간신히 걸을 수 있었다. 그는 말을 못하고 들을 수도 없었다. 그런데 손수건을 얹어 기도해 주었을 때 자리에서 일어나 걸을 뿐 아니라 귀가 들리고 말도 하게 되었다. 집회가 끝난 후 이리안자야에서 감사 서신이 왔다. 야곱 빠띠삐 씨가 이제는 정상인처럼 생활할 수 있다는 내용이었다.

우후루 공원을 진동케 한 성령의 역사

2001년 6월, 동아프리카의 관문 케냐에서 집회가 열렸다. 파키스탄 성회 때 주신 창조 권능이 케냐 성회를 통해 나타났다. 성회가 열리기 전에 나이로비 케냐타 국제회의장에서 목회자 세미나가 진행되었다. 나는 태초부터 계신 하나님에 대하여, 루시퍼의 반란과 에덴농산 등 영의 세계에 대하여 설교하였다. 생명의 말씀을 사모하여 숨을 죽이며 열심히 받아 적고 점심시간에 점심도 먹지 않은 채 행여 다른 사람에게 자리를 빼앗길까봐 자리를 지키는 모습도 볼 수 있었다.

다음 날에는 8천여 명이 모였다. 전날보다 2천여 명 더 많은 숫자였다. 그동안 나쁜 소문을 듣고 협조하지 않던 목회자들까지 참석했기 때문이다. 몇몇 한국인 선교사들이 거짓 자료를 만들어 교회와 언론에 유포하며 집회가 열리지 못하도록 방해한 것이다.

6월 29일부터 7월 1일까지 우후루 공원에서 대성회가 열렸다. 그런데 단상이 해를 마주 보는 위치에 설치되었다. 뜨거운 태양을 정면으

케냐 연합대성회(우후루 공원)

로 마주보며 설교하는 것은 쉽지 않은 일이다.

항상 함께해 주셨던 하나님의 역사가 이곳에서도 나타났다. 말씀을 전하기 위해 단에 오르니 오전 내내 맑은 하늘에 있던 뭉게구름이 이동하여 해를 덮은 것이다. 구름이 뜨거운 태양을 가리니 별 어려움 없이 설교할 수 있었다. 이러한 현상이 삼 일 동안 동일하게 나타나는 것을 본 사람들이 신기해했다. 내 차를 운전하던 현지인도 구름이 해를 가린 것을 보고 놀랐다고 하였다.

첫날 집회부터 환자 기도가 끝난 후 치료받은 체험을 간증하고자 하는 사람들로 단이 마비될 지경이었다. 매일 10만 명이 넘게 운집한 우후루 공원은 넘쳐나는 사람들로 빽빽했다. 한쪽 다리가 짧아 걷지 못

하는 어린이가 치료받아 깡충깡충 뛰었다. 에이즈를 비롯하여 참으로 다양한 질병을 치료받은 사람들이 기뻐하며 행복해하는 모습을 보니 나 역시 행복하였고 보람을 느꼈다.

다음 날 준비위원회 임원들과 오찬을 함께했다. 교단 총회장 목사님들은 한결같이 놀라워하며 어떻게 이런 권능을 받을 수 있는지 궁금해했다.

"한꺼번에 그렇게 많은 사람이 치료받은 것도 처음이지만 일일이 안수 기도한 것이 아니기에 더 놀랐습니다."

"마치 2천 년 전 성경의 현장을 보는 듯 하였습니다."

"성경을 온전히 믿지 못했는데 이번 집회를 보고 성경이 참임을 확

걸을 수 없던 사람이 걷고 있다

신했습니다. "

　주의 종이라면 예수님께서 복음을 전하고 따르는 표적으로 말씀을 확증하신 것처럼 권능을 행할 수 있기를 소망한다. 하지만 그것을 짧은 시간에 설명해 주기란 어려운 일이었다.

　모든 일정을 마치고 귀국하는 기내에서 보니 창밖에 원형 무지개와 일자 무지개가 빛나고 있었다.

창조 권능은 죽은 모근도 살리고

2001년, 박희훈 형제 머리카락이 수북이 자라 있었다. 그는 중학교 1학년 때부터 원인을 알 수 없는 탈모 현상을 겪었다. 서서히 빠지더니 고등학교 다닐 때에는 듬성듬성 남을 정도였다. 자신이 보기에도 흉해 머리를 빡빡 밀고 다녔다.

병원에서는 '후천성 전신성 원형 탈모증'으로 희귀병이라고 했다. 의사는 모근이 약해 탈모 현상이 나타난 것이 아니라 죽어서 빠지기 때문에 치료된 사례가 없다 하였다. 병원 치료를 계속해도 효과가 없어 탈모 전용 한약방을 찾아 약을 지어 먹었지만 마찬가지였다. 진달래 뿌리 삶은 것으로 머리를 감는 등 민간요법과 비싼 탈모 치료제를 병행해도 효과가 없어 포기 상태였다.

그는 고등학교 3학년 때 가족의 권면으로 우리 교회에서 신앙생활을 시작하였다. 1998년 2주연속 부흥성회에 참석하여 기도받으면서 머리카락이 조금씩 자랐다. 무안단물이 나온 후부터는 계속 머리에 뿌렸다. 박희훈 형제는 2001년이 되면서 탈모가 완전히 치료되었다. 죽은 모근이 하나님의 은혜로 살아나 건강한 머리카락으로 탈바꿈한 것이다.

최상의 창조 권능이 시작되다

필리핀은 가톨릭 국가로 가정에 대부분 마리아 상이 있다. 그 앞에서 복을 비는 모습도 흔히 볼 수 있다. 2001년 9월, 하나님께서는 권능의 마지막 단계인 최상의 창조 권능을 필리핀 성회에서 나타나게 하셨다.

필리핀 성회를 놓고 기도하니 하나님께서는 이 집회를 통해 전 세계 천주교인에게 마지막 경종을 울리겠다고 하셨다. 예전에도 가톨릭에 경종을 울리셨던 것이다.

전에 나는 마리아 상에서 피 눈물이 흐른다는 뉴스를 들어 본 적이 있다. 하지만 하나님께서 왜 이런 모습을 보여 주는지 정작 가톨릭 신자들은 깨우치지 못하고 있는 것이다.

마리아는 하나님의 도구로 사용되었을 뿐

동정녀 마리아는 예수님이 육신을 입고 이 땅에 오실 때 그녀 몸을 통해 태어날 수 있도록 도구로 사용하신 피조물일 뿐이다. 마리아는 예수님의 어머니가 될 수 없다.

예수님은 성령으로 잉태되셨기에 마리아의 난자와 요셉의 정자를 받지 않았다. 난자를 받지 않았기에 어머니가 될 수 없고 정자를 받지 않았기에 요셉은 아버지가 될 수 없다. 그래서 성경을 상고해 보면 예수님이 마리아를 어머니라고 부른 예가 없는 것이다.

"여자여 보소서 아들이니이다"(요 19:26)

사도 요한이 십자가에 달린 예수님 곁에서 직접 보고 들은 것을 기록한 말씀이다. 예수님께서 자신을 낳아준 마리아를 향하여 어머니라고 하지 않고 '여자여'라고 불렀다.

여기서 아들은 사도 요한을 지칭한다. 요한복음 2장 4절에도 예수님께서 마리아를 향하여 "여자여 나와 무슨 상관이 있나이까 내 때가 아직 이르지 못하였나이다"라고 하셨다. 예수님께서 마리아에게 '여자여'라는 호칭을 사용하여 구세주로 이 땅에 온 자신을 증거하신 것이다.

우리의 구세주 예수님은 삼위일체 하나님의 한 분으로서 창조주 자체가 되기에 어머니가 있을 수 없다. 이런 맥락에서 예수님께서는 어머니라고 부르지 않고 '여자여'라고 표현한 것이다.

천주교에서 마리아 상을 세워 그 앞에 경배하는 것은 우상을 만들지 말고 아무 형상도 만들지 말며 그것들에게 절하거나 섬기지 말라는 십계명에 어긋난다. 동정녀 마리아가 하늘에서 볼 때 예수님은 마리아의 품에 있는 아기에 불과할 뿐이고 오히려 피조물인 자신을 우상으로 경배하니 기가 막히고 피 눈물 날 수밖에 없지 않겠는가?

태풍이 소멸되고 맑은 날씨 속에

필리핀은 6월부터 10월까지 우기라 하루에도 몇 차례씩 비가 온다. 많은 강수량으로 교통이 마비될 정도다. 2001년 9월 24일 밤 11시경, 필리핀 마닐라 공항에 도착했다. 태풍의 영향인 듯 바람이 강하게 불고, 비가 내렸다. 곧바로 마닐라 호텔에서 기자회견을 가졌다. 기자들은 태풍의 진로와 9.11 테러 여파로 안전 여부가 가장 관심사인 듯 하였다.

"현재 태풍권에 있고, 또 하나가 오는데 어떻게 야외 집회를 할 수 있습니까? 9.11 테러 여파로 안전에 문제가 있지 않겠습니까?"

"우리가 도착한 뒤부터는 비가 오지 않고 태풍도 모두 소멸할 것입니다. 하나님께서 함께하니 이 기간에는 전쟁도, 어떤 사고도 일어나지 않을 것입니다. 염려하지 마십시오."

나는 그동안 하나님께서 항상 함께하고, 야외 행사 때 비 온 적이 없기에 담대하게 역설하였다. 기자들은 믿기지 않는다는 표정이었다. 하나님께서는 그대로 이루어 주셨다.

기상대 예측과 달리 순간최대풍속 130km의 태풍이 필리핀을 향해 오다 갑자기 진로를 바꾸어 태국 쪽으로 빠져 나갔다. 다른 태풍은 거대한 벽에 부딪친 듯 약해지다 소멸했다. 이곳 여름은 태풍뿐 아니라 비가 많이 오고 무더워 숨이 막힐 정도라고 하는데 우리 선교팀이 머무는 동안 맑은 날씨와 시원한 바람이 계속되었다. 이곳 목회자들은 날씨만 보더라도 하나님이 함께한다는 것을 확신하게 되었다며 신기한 기색이었다.

최상의 창조 권능의 위력을 실감하면서

2001년 9월 26일, 마닐라 시내에 있는 국제회의장에서 5천여 명의 목회자가 모인 가운데 세미나가 진행되었다.

9월 27일, 오전에는 목회자 세미나가, 오후에는 마닐라 시내에 있는 루네타 공원에서 첫 집회가 열렸다. 이 자리에서 많은 사람이 치료받았다.

그 가운데 농구선수인 길버트라는 청년이 기억난다. 온디날 길버트는 농구하다가 큰 사고를 당했다. 병원 진단을 받아 보니 다리뼈가 부러져 반대 방향으로 어긋나 있었다.

걸을 수 있으려면 두 뼈에 쇠를 박아 연결하는 수술이 필요했다. 수술할 형편이 안 돼 그는 목발에 의지하여 1년 동안 고통스러운 생활을 했다. 그런데 이날 목회자 세미나에 참석하여 기도받을 때 갑자기 온몸이 뜨거워지면서 통증이 사라졌다.

세미나가 끝난 후 길버트는 대성회가 열리는 루네타 공원으로 가려다가 버스를 놓쳐 목발을 짚고 걸었다. 그러다가 통증이 사라지고 발에 힘이 온 것을 깨달아 목발을 버리고 약 2km를 걸어 집회 장소에 도착했다.

하나님께서 은혜를 사모한 그의 행함을 기뻐하고 새로운 힘으로 걸을 수 있게 한 것이다.

그 후 길버트는 병원 진단 결과 부러진 다리뼈가 붙어 완전히 정상으로 회복되었음을 확인했다. 그리고 예전처럼 힘차게 농구한다는 소식을 보내왔다.

루네타 공원에서

　첫날 준비 찬양 때부터 강한 성령의 역사가 일어났다. 침상에 실려 온 사람이 일어나 걸었고, 어떤 사람은 성회 장소에 도착한 순간 나았다고 간증하였다. 말씀을 듣다가 치유된 경우도 있고, 근처를 지나가다 찬양 소리를 듣고 참석하여 십여 년 동안 안 보이던 눈이 보인다고 간증하는 사람도 있었다.

　설교를 끝내고 환자기도를 마쳤을 때 일이다. 단 밑을 보니 몇몇 사람들이 뻣뻣하게 굳은 한 사람을 황급히 바닥에 내려놓는 모습이 보였다. 마치 무슨 나무토막 같았다. 사연인즉, 평소 심장질환이 있는 청년으로 갑자기 쓰러졌다는 것이다. 청년은 막대기처럼 뻣뻣하게 굳고 눈동자도 죽은 사람처럼 보였다.

　행여 이 청년이 죽으면 하나님 영광을 가릴 것 같아 염려되었다. 얼른 단 아래로 내려가 청년에게 손을 얹고 예수 그리스도의 이름으로 기도하였다. 기도가 끝나는 순간 청년이 의식이 돌아오면서 몸을 일으켰다. 하나님께서 최상의 창조 권능으로 강하게 역사한 것이다. 큰 권능으로 함께하신 하나님 은혜에 감사하였지만 호텔에 돌아온 나는 눈물이 나왔다. 더 크게 하나님의 뜻과 섭리를 이루지 못한 민망함과 아쉬움이 교차했다.

세계무대 예언

하나님께서는 1982년, 교회를 개척하고 얼마 지나지 않아 앞으로 국제사회가 미국, 중국과 러시아, EU라는 3대 세력으로 구축될 것을 알려 주셨다.

시간이 길수록 미국이 점점 고립되어 어려움을 겪고 세력이 약해실 것도 알려 주셨다. 앞으로 우방 중에도 미국에 반발하여 자기 이익을 좇아 동맹을 맺고, 등을 돌리는 일이 계속된다는 것이다. 미국은 건국 초기 하나님을 경외하는 신앙을 가졌기에 하나님께서 세계 강국이 될 수 있도록 축복하셨다. 그런데 오늘날에는 많은 사람이 하나님을 멀리하고 있다.

반면 중국이 러시아와 동맹을 맺고 군사훈련까지 하며 점점 강해질 것을 알려 주셨다. 미국을 추종한 많은 나라가 갈수록 중국 쪽으로 기울게 된다는 것이다. 실제로 중남미나 아프리카 등 여러 나라가 지금은 중국과 더 가까워지고 있는 현실을 볼 수 있다. 이러한 내용을 설교할

مانمين انترناشيونال
MANMIN INTERNATIONAL
REAL ESTATE   GENERAL TRADING   AUTOMOBILES
BROKERAGE   CONSULTANCY

두바이 방문

때에는 국제사회에서 중국이 부상하기 전이었기에 성도들은 아멘을 하지 않고 의아한 표정이었다.

앞으로 이루어질 예언이지만 현실을 보면 믿기 어려운 상황이기 때문이다. 또한 세계 경제가 더욱 악화되고 유가 급등으로 중동이 단합하여 석유를 강력한 무기로 사용할 날이 올 것을 알려 주셨다.

2001년 6월, 하나님께서는 세계가 무한경쟁 시대에 돌입했다고 하셨다. 무한경쟁 시대란 민주주의든 공산주의든 상관없이 자기 이익에 맞으면 연합하고, 맞지 않으면 등을 돌리는 체제를 말한다. 전에는 한번 연합하면 오랫동안 깨지지 않고 유지되었는데 지금은 그렇지 않으니 그만큼 세계가 마지막을 향해 가고 있기 때문이다.

9.11 테러를 기점으로

크리스천이라면 주님 다시 오실 날이 과연 언제인지 관심을 갖게 된다. 마태복음 24장에 제자들이 세상 끝 날의 징조를 묻자 예수님께서 대답하신 장면이 기록되어 있다.

"난리와 난리 소문을 듣겠으나 너희는 삼가 두려워 말라 이런 일이 있어야 하되 끝은 아직 아니니라 민족이 민족을, 나라가 나라를 대적하여 일어나겠고 처처에 기근과 지진이 있으리니 이 모든 것이 재난의 시작이니라"(마 24:6-8)

2001년 10월 21일 주일 대예배에서 나는 '무슨 징조가 있사오리이까'라는 제목으로 설교하였는데 그 일부이다.

"… 지난 9월 11일에 여러분이 아는 바와 같이 전 세계가 경악하는 비극적인 사건이 벌어졌습니다. 미국의 심장부를 겨냥한 테러 사건이지요. 이 테러에 미국이 보복을 다짐하여 전쟁이 시작되고 전 세계는 긴장 상태가 되었습니다. 이 사건은 마지막 때가 시작되는 경종이며 3차 대전을 시발하는 동기로서 하나님께서 허락한 사건입니다. 물론 하나님이 허락했다고 해서 그렇게 서로 싸우라는 것이 아니지요. 사람들이 악해서 생기는 일이기에 하나님이 지켜 주시지 않는다는 말입니다.

하나님께서는 9.11 테러 사건을 기점으로 본격적인 마지막 때의 재앙이 시작된다는 것을 알려 주셨습니다. 미국이 테러라는 비극적인 일을 당하였기에 처음에는 국제사회에서 동정받고 우방이 협력을 다짐하지만 전쟁이 오래갈수록 점차 중동의 이슬람 국가가 뭉치고, 유럽이 하나 되어 미국을 배척합니다. 결국 기독교와 이슬람교의 종교 싸움처럼 변하지요."

"이 테러 사건은 앞으로 일어날 3차 대전의 동기를 유발한 셈이 됩니다. 기근과 지진은 해마다 일어나는 일입니다. 어떤 큰 사태로 수천 명이 죽었다고 해서 그것을 재난의 시작이라고 하지 않습니다. 그러나 미국에 생긴 이 테러 사건은 전무한 일로 세계가 경악했습니다. 이런 사건을 바로 재난의 시작이라 하는 것입니다.

만일 하나님께서 지켜 주신다면 이런 일이 일어날 수 없지요. 미국은 건국 초기와는 달리 하나님을 떠나 동성연애를 하는 사람에게도 목사 안수를 주자고 하는 교단이 있을 정도로 변질되었습니다. 만일 이러한 재앙이 임할 때 진리의 마음이라면 하나님이 지켜 주시지 않음을 먼저 돌아보고 회개해야 했을 것입니다.

니느웨 백성에게 하나님 심판이 선포되었을 때 왕과 백성이 회개하고 금식한 것처럼 미국 대통령부터 국민이 자신의 죄악을 겸손히 회개해야 했습니다. 용서와 화해 속에 침착하게 대책을 강구해야 했을 것입니다.

그러나 강대국으로서 상한 자존심을 자신의 힘으로 보복할 수 있다고 자만하였습니다. 눈에는 눈으로, 이에는 이로 율법적인 해결을 하려고 하니 어려운 일만 생길 수밖에 없지요. 미국이 강경하게 보복을 계속하는 만큼 정치적으로나 경제적으로 어려움을 당하고 미국 경제가 침체되는 만큼 세계 경제가 어려워질 수밖에 없습니다.

중동 국가들은 미국에 대항하여 뭉치게 되고 석유를 무기삼아 세계 경제를 뒤흔들 수 있는 계기를 마련하게 되는 것이지요. 세계 각국에서는 테러에 대한 공포를 느끼고 미국과 손잡으면 어렵겠다고 판단하여 슬슬 몸을 사리는 모습을 볼 수 있는 것입니다."

"오늘날 세계 각처에 전쟁의 불씨가 있고, 중동만 보아도 이란, 이라크, 시리아 등 미국과 적대 감정을 가진 국가가 많고 테러도 세계 곳곳에서 벌어지고 있습니다. 그런데 유독 아프가니스탄에서 마지막 때의 불씨가 되는 전쟁이 일어난 것도 다 이유가 있습니다. 만일 중동의 주요한 분쟁 지역에서 전쟁이 시작되었다면 이는 세계가 휩쓸리는 전면전으로 순식간에 번져 즉각 3차 대전이 일어날 수 있습니다.

그러나 이런 일은 있어야 하되 끝은 아니라고 하신 예수님의 말씀대로 끝이 아니라 본격적인 재앙이 시작되는 시점입니다. 또한 끝을, 즉 3차

대전을 유발하는 동기를 만드는 일이기 때문에 아프가니스탄이 선택된 것입니다. 끝이 된다면 마지막이 아닙니까? 그때는 이미 우리가 들림받은, 즉 휴거된 상태입니다. 끝이 시작되는 동기를 만드는 사건이 되지요. 여기서부터 중동 국가들까지 휘말리는 전쟁으로 번져가는 씨앗이 뿌려진 것입니다.

그러면 우리나라는 앞으로 어떻게 될까요? 미국과의 관계가 더 이상 이익이 되지 않는다고 판단되는 시점에 오면 다른 의지할 곳을 또 찾습니다. 석유파동을 비롯한 경제 혼란이 오기 때문에 우리나라 경제도 자연히 어려워질 수밖에 없지요. 그러나 하나님께서 마지막 때 이 나라를 통해 이루고자 하는 뜻이 있기에 어느 정도까지 마지막 때의 재앙으로부터 지켜 주실 것입니다.

특별히 우리 교회를 통해 그런 길이 열립니다. 하나님께서는 우간다와 파키스탄, 케냐 등 중동을 중심으로 한 많은 국가에 해외 성회를 개최하게 하셨습니다. 왜 이런 곳에서 집회를 하라고 하셨는지 때가 되면 알게 된다고 거듭 말씀하셨지요. 이슬람 국가의 권력자들에게 나의 권능에 관한 소식이 깊이 알려져 있다고 말씀하셨습니다."

제6장

오직 예수 그리스도의 이름으로

- 손이 갈라지고 피가 맺혀도
- 푯대를 향하여
- 믿음으로 악수하니 코암이 치료되고
- 손수건 기도를 통해 암을 치료받아
- 애끓는 부르짖음의 간구는
- 급하고 강한 성령의 바람으로 강타하다
- 새로운 권능의 차원으로
- 사도 도마의 순교의 피가 열매 맺다

손이 갈라지고 피가 맺혀도

금요철야예배 전, 오후 3시가 되면 벌써 성도들이 사택을 찾아온다. 4시경부터 나는 성도들과 만남을 갖는다. 짧은 시간일지라도 상담을 듣고 답변하며, 기도하고 악수하다 보면 어느새 6시가 된다.

교회로 출발하여 도착한 뒤에도 성도들과 또 다른 만남이 시작된다. 막상 밤 11시 금요철야예배 시간이 되면 진액이 다 빠져 나간 느낌이 들 정도지만 하나님께서 붙들어 주시니 힘차게 설교한다.

주일에도 일찍부터 성도들이 사택에 찾아온다. 그들이 기다리는 것이 민망하여 나도 일찍 나오다 보니 보통 새벽 5시가 안 되어 만남이 시작된다. 3시간 가량 기도와 상담을 요청하는 성도들의 문제를 듣고 기도해 주다가 교회로 출발한다.

금요일부터 주일까지 하루에 수천 명과 계속 악수하다 보면 손이 긁혀 여기저기 찢기고, 갈라지고 피가 맺힌다. 매주 반복되는 만남을 통해 손이 성할 날이 없지만 이 만남을 지금까지 계속 해 온 것은 그만한 이유가 있다.

어린이부터 노년에 이르기까지 담임 목자를 사랑하여 가까이 나와 인사하기를 원하는 것도 하나님의 은혜이다. 나는 이들에게 하나님의 능력이 임하고 응답받도록 간절히 기도하며 악수한다.

그리하여 기도받고 중한 질병이 치료되거나 응답받아 기뻐하는 성도들, 악수만 했는데도 문제 해결받고 하나님께 영광 돌리는 모습을 보면 보람을 느끼고 새 힘을 얻게 된다.

예수님이라면 어떻게 하실까? 어머니 품 안에 안긴 아기도, 엄마 손을 잡고 나온 어린이 한 명도 소홀함없이 하나님의 사랑이 임하기를 기도하며 쓰다듬어 준다.

푯대를 향하여

2002년을 맞이하면서 하나님께서는 최상의 창조 권능 완성이라는 새로운 목표를 주셨다. 최상의 창조 권능이란 말씀으로 천지를 창조하신 하나님의 고유 권능을 의미한다. 예컨대, 눈먼 사람에게 눈을 뜨라 하면 눈 뜨고, 앉은뱅이를 향해 일어나 걸으라고 하면 그 자리에서 일어나 걷는다.

성경에 기록된 대로 무에서 유가 창조되며 마른 뼈로 군대를 만들고, 나귀 입을 열어 말하게 할 수 있다. 이러한 창조 권능이 어떤 것에도 방해받지 않고 온전히 나타날 때 비로소 완전하다고 할 수 있다. 최상의 창조 권능은 눈에 보이는 육의 세계뿐 아니라 보이지 않는 영의 세계까지 온전히 지배하고 다스리는 차원이다.

최상의 창조 권능을 나타내려면 예수님께서 세 차례 시험을 승리하셨듯이 나도 세 차례 시험을 통과해야 함을 알려 주셨다. 예수님께서는 하나님 아들이지만 구세주가 되기 위해 인간으로 태어나셨다. 그래서 인간이 받는 시험을 동일하게 받으신 것이다. 그래야 육과 영의 세계에 모두 말씀의 권세가 나타나기 때문이다.

예수님에게는 최상의 창조 권능이 있지만 세 차례 시험을 통과한 후 비로소 이러한 권능을 나타내셨다. 가나 혼인잔치에서 물을 포도주로 만든 것이나, 오병이어의 기적, 바람과 파도에게 명령하여 잠잠케 한 일 등은 모두 창조 권능의 역사이다. 말씀으로 명령하니 중풍병자가 일어나 걷고 문둥병자가 깨끗해졌다.

또한 하나님께 기도하면 열두 영이 더 되는 천사를 보낼 수 있다고 하셨는데(마 26:53) 열두 영은 열두 명의 천사를 의미하는 것이 아니다. 한 영은 거대한 집단을 의미한다. 즉, 예수님께서는 영계도 다스리고 주관할 수 있지만 아버지 뜻을 이루기 위해 질서와 공의를 좇아 그렇게 하지 않는다는 의미이다.

2002년 2월, 2차 산상기도에 들어갔다. 기도하다기 하나님께서는 그 동안 나를 주의 종으로 부른 후부터 받은 연단이 최상의 창조 권능을 받기 위한 것이라 깨우쳐 주셨다.

또 재미있는 비유를 들어 말씀하셨다. 내가 만민호라는 배를 타고 항해하는데 하나님께서 강한 태풍을 보냈다. 즉, 98년, 99년에 세 차례 시험으로 교회를 흔든 것이다. 이때 어떤 사람은 배에서 뛰어내려 바다 속으로 빠지는가 하면, 난간을 붙잡고 뛰어내릴까, 말까 갈등하거나, 밧줄에 매달려 난간에서 떨어지지 않으려고 발버둥치는 사람도 있었다.

그런데 태풍이 몰아쳐 배가 흔들리는 와중에도 선실에 들어가 평안히 잠을 자는 사람이 있는데 하나님께서는 이런 사람을 칭찬하셨다. 영적으로 보면 나는 만민호의 선장이고, 난간에서 밧줄을 잡고 탈출할까 말까 고민하는 사람은 원수 마귀 사단이 미혹하여 두 마음이 싸우는 경우이다. 물론 이런 사람도 하나님께서 긍휼히 여기고 다 구원해 주셨다.

선실에서 태평하게 잠든 사람은 선장을 신뢰하며 변함없는 믿음이 있기 때문이다. 이런 사람은 영적 장수로 성장하고, 많은 축복을 받는 것을 볼 수 있었다.

세 차례의 시험을 통해 성도들은 자신의 믿음을 점검할 수 있는 계기가 되었다. 우리에게 이러한 연단을 허락하신 이유는 영적 축복을 주셔서 새 예루살렘으로 이끌 뿐 아니라 세계 선교와 대성전 건축의 섭리를 이루고자 하심이었다.

그 섭리 가운데 원수 마귀 사단이 시험하도록 허락하셨지만 결국 믿음으로 승리했다. 하나님께서 그동안 나에게 견디기 힘든 많은 시험을 허락하셨고, 승리할 때마다 권능을 더하여 마침내 최상의 창조 권능을 받게 하신 것이다. 원수 마귀 사단이 더 이상 송사할 거리가 없고, 모든 연단이 마침표를 찍게 되었음을 알려주셨다.

믿음으로 악수하니 코암이 치료되고

2002년 1월, 추호임 집사로부터 편지가 왔다.

"목포에 사는 시어머니가 2001년 12월에 갑자기 코피를 쏟았습니다. 가까운 병원에 갔는데 서울에 있는 큰 병원으로 가라고 했습니다. 서울에 올라와 두 군데 병원에서 진단받은 결과 코암으로 판명되었습니다. 이미 콧속에 암이 상당히 퍼진 상황이라 합니다. 의사는 시어머니의 코뼈를 다 들어내 인공 뼈 넣는 수술을 준비하라 했습니다. 시어머니는 보름이 넘도록 코피를 흘려 콧속에 계속 거즈를 넣고 있었습니다.

진단을 받고 이틀 후, 금요철야예배에 참석했습니다. 예배를 마친 후 저는 손바닥에 시어머니의 병명을 적었습니다. 당회장님이 지나갈 때 믿음을 갖고 악수하였지요. 하나님께서 그분의 권능을 당회장님을 통해 나타내기를 바라는 간절한 마음에서였습니다. 철야예배를 마치고 토요일 새벽에 집에 돌아와 보니 지방에서 친척이 올라와 있었습니다. 그분에게 제가 말했습니다.

'손바닥에 시어머니 병명을 쓰고 당회장님과 악수했으니 하나님께서 치료해 주실 거예요.'

저는 하나님이 치료해 줄 것이라는 믿음을 고백했습니다. 토요일 오전 7시 30분쯤 공릉동에 계신 시어머니에게 전화를 했습니다. 그 순간 저는 기적이 일어났음을 알았습니다.

'에미야, 내가 아침에 일어나 보니 이제는 코피가 나오지 않는구나.'

그때까지만 해도 저는 시어머니의 코피 흐르는 것만 치료됐지 암까지 완전히 치료받았다고는 생각지 못했습니다. 2002년 1월 2일, 시어머니의 수술을 위해 원자력 병원으로 모시고 갔습니다. 수술받기 전 다시 검진을 했는데 의사는 '이상하네요. 암이 아닌데요.'라는 것이 아닙니까? 진단 결과 암이 사라진 것입니다. 시어머니는 바로 퇴원하셨습니다.

믿음이 작은 시어머니를 위해 믿음으로 악수하였을 때 하나님께서 치료해 주신 것입니다. 그리고 제 남편도 송구영신예배 때 환자를 위한 기도 시간에 두 달 동안 계속된 설사를 치료받았습니다. 남편은 너무 기쁜 나머지 주변 사람에게 열심히 간증합니다."

지금 추호임 집사의 시어머니는 건강한 모습으로 우리 교회에서 신앙 생활을 한다. 이렇게 최상의 창조 권능이란 손을 대거나, 사진 위에 기도만 해도 치료가 되며, 천기를 움직일 수 있는 것이다.

손수건 기도를 통해 암을 치료받아

전남 함평에 사는 심순창 성도는 2002년 4월, 어지러워 걷기 힘들고 소변을 보면 통증이 심하고 핏덩어리가 나왔다.

진단 결과 방광암으로 상당 부분 전이된 상태였다. 담당 의사가 폐까지 전이될 확률이 높으니 서울 큰 병원으로 가서 수술을 하라고 했다. 서울 이대 목동 병원에 입원한 뒤 동생 심순례 집사의 권유로 우리 교회에서 사역하는 주의 종의 심방을 받았다.

하나님 말씀대로 살지 못한 것을 회개하고 계명을 지킬 때 믿음으로 치료받을 수 있음을 설명하며 손수건을 얹고 기도해 주었다고 한다. 나에게 기도받은 손수건이었다. 하나님께서는 믿음으로 손수건을 얹고 기도할 때마다 불같은 성령의 역사로 함께하셨다.

그는 기도받은 후 통증이 심해 잠을 자지 못하였다. 뒤척이다가 새벽 4시쯤 소변을 보는데 뱃속에서 뭉클한 것이 빠져나갔다고 한다. 암 덩어리를 쏟은 것이다. 그 뒤부터 소변을 볼 때 통증이 없고 피가 섞이지 않은 맑은 색깔이었다. 다음 날, 예정된 수술을 받기 위해 검진을 받았는데 결과는 아무 이상이 없으니 퇴원하라는 것이다.

수술을 받아도 암 세포가 퍼진 상황이기에 완치되기 어려운 상태였다. 그러나 손수건 기도를 통해 하나님 역사를 체험하고 건강을 회복한 것이다. 내가 기도해 준 손수건을 통해 이러한 권능 사례가 매주 국내외에서 헤아릴 수 없이 접수되기에 하나님께 감사와 영광을 돌릴 뿐이다.

애끓는 부르짖음의 간구는

해마다 열린 2주연속 부흥성회도 하나님의 강한 역사를 체험하는 천국 잔치였다. 2002년 5월 6일부터 16일까지 '권능'이라는 주제로 집회가 열렸을 때 일이다. 부흥성회를 위해 기도하였을 때 하나님께서는 이번 부흥성회 기간 중 둘째 주 월요일에는 시력이 좋지 않은 사람을 집중적으로 치료하고, 화요일에는 갖가지 장애와 걷지 못하는 사람을, 수요일에는 듣지 못하고 말하지 못하는 사람을 더 많이 치료하겠다고 말씀하셨다.

5월 5일 주일 아침, 교회 상공에는 해 주위에 커다란 원형 무지개가 빛나고 있었다. 무지개를 보니 하나님께서 함께하실 권능의 역사가 더욱 기대되었다. 기대 이상으로 하나님께서는 눈먼 사람이 눈 뜨고 말하지 못하는 사람이 말하며 갖가지 질병을 치료한 성경에 기록된 창조 역사를 나타내셨다.

애 간절한 기도를 통해 한 영혼이라도 더 치료받으면 얼마나 기쁜 일인가? 나는 "주여" 하고 강하게 외치며 환자들을 위해 기도할 때마다 하늘 보좌를 흔드는 애끓는 부르짖음으로 진액을 다 쏟아냈다. 강하고 빠른 성령의 역사 속에 치료받은 수백 명의 환자가 순식간에 단을 가득 메웠다. 자기 몸에서 일어난 기적을 체험하고 간증하고자 단위로 올라 왔던 것이다.

하나님께서 약속하신 대로 치료의 광선으로 수많은 사람이 안경을 벗고, 목발을 버리고 휠체어에서 일어났다. 영안이 열린 성도들은 환자기도를 할 때 내 가슴에서 불덩이가 빠르게 회전하면서 팔을 통해 성령의 기운이 확확 나가는 것을 보았다고 하였다. 또 천사가 환자에게 가서 아픈 곳을 만져 주고 굳은 뼈를 풀어 주었다고 하였다.

이 집회에서는 특히 시력을 회복한 사람이 많았다. 실명한 눈이 보이고, 백내장, 당뇨병 등으로 보이지 않는 눈이 밝아졌다. 또 휠체어에서 일어난 사람, 소아마비 등 지체 장애인들도 힘이 생겨 걸었다. 이를 지켜보는 성도들은 함께 기뻐하며 하나님께 영광 돌렸다.

급하고 강한 성령의 바람으로 강타하다

죄악이 가득 차고 어둠이 자욱한 이 세대에 하나님은 세계 선교를 이룰 수 있도록 성결의 오중복음과 최상의 창조 권능이라는 강력한 무기를 주셨다. 그 어디를 가든지 성령의 폭발적인 역사가 나타났고 수많은 사람이 주님께 돌아온 것이다.

대통령 출마도 포기하고

남미에 있는 온두라스는 스페인 식민지 영향으로 가톨릭 국가인데 빈곤과 질병 등 많은 어려움을 겪고 있다. 온두라스로 출발하기 전, 현지에서 집회를 준비하는 선교팀의 보고에 따르면 치안 부재로 테러와 폭력사태가 우려되며 민간인이 총기를 소지하고 있어 위험한 상황이라고 했다. 폭염이 계속되어 모기에 물려 죽는 사람도 있다는 것이다. 이를 위해 기도했을 때 하나님께서는 성회가 열릴 도시와 장소를 권능의 빛으로 둘러 주셨으며, 수많은 천군 천사가 지키고 있으니 염려하지 말고 다녀오라고 응답하셨다.

2002년 7월 23일, 산페드로술라 공항에 도착했다. 성회를 개최하기 위해 큰 역할을 한 에스테반 한달 의원을 비롯하여 1,700여 명의 현지인이 환영해 주었다. 당시 온두라스에서 차기 유력한 대통령 후보로 인기를 누리던 에스테반 한달은 국회의원으로, 기독교 방송국을 경영하는 사업가로 널리 알려진 인물이다.

그런데 2001년 필리핀 마닐라에서 열린 성회에 참석하여 하나님께서 함께하는 권능의 현장을 본 후 그의 인생이 바뀌었다.

"목사님, 제가 이번에 대통령 출마를 할까요? 아니면 하나님 일만 하는 것이 좋을까요?"

"기왕이면 하나님 일만 하는 것이 좋겠습니다."

그는 내 권면대로 정치가로서의 인생을 접고, 성결 복음을 전 세계에 전하겠다는 뜨거운 마음을 간직했다.

다른 종교와 타협은 있을 수 없는 일

호텔에 도착하니 7개의 TV 방송사와 5개 라디오 방송과 신문사 기자들이 기다렸다. 첫 번째 질문은 왜 온두라스를 택했는지였다.

"하나님께서 저에게 온두라스에 가라고 하신 것은 이 나라를 축복해 주시기 위함입니다. 여러분이 집회에 참석하면 알겠지만 수천 명이 한꺼번에 치료받는 것을 볼 것입니다."

나는 여기서 부연하였다.

"수천 명이라고 한 것은 환자기도를 할 때 성회 장소뿐 아니라 텔레비전과 라디오를 통해서도 동일하게 치료받을 것이기 때문입니다."

그동안 가는 곳마다 하나님께서 놀라운 기사와 표적으로 함께하셨기 때문에 담대하게 선포할 수 있었다. 이렇게 공식적인 자리에서 사람들이 믿기 어려운 황당한 말을 선언하였으니 만일 그들이 인정할 만한 표적이 나타나지 않으면 나는 그야말로 사기꾼이 될 수밖에 없지 않은가?

그러나 나의 말은 현실로 나타났다. 성회를 생중계한 각 방송사마다 시청자들의 전화가 쇄도했다고 한다. 집회를 보다가 질병이 치료되어 감사하다는 전화가 매일 천여 건 이상 왔다고 하였다.

기자의 두 번째 질문은 "가톨릭을 비롯하여 기독교계에서 여러 종교 간에 화해와 일치를 추진하여 하나가 되자는 운동을 하는데 어떻게 생각하느냐?"는 것이었다. 나의 대답은 단호했다.

"하나님은 유일시 오직 한 분뿐입니다. 기독교가 다른 종교와 타협한다는 것은 절대로 있을 수 없습니다. 하나님께서는 십계명을 통해 하나님 한 분만이 전지전능한 창조주이며 유일신인데 그 앞에 다른 신이 있을 수 없고 다른 종교가 있을 수 없습니다."

가톨릭 인구가 90% 이상인 온두라스에서 이렇게 단호하게 답변하는 것을 보고 기자들이 놀라는 눈빛이었다.

다음 날 일간지인 '라띠엠뽀'를 펼쳐보니 한 면에는 파킨슨씨 병으로 부축받는 교황 사진이 있었다.

그런데 다른 면에는 내 사진과 함께 "우리 주님이 치료하신다. 소경이 눈을 뜨고 벙어리가 말하고 귀머거리가 듣는다."는 집회 소식이 실려 있어 대조를 이루고 있었다.

40도 폭염이 서늘한 기후로 바뀌고

7월 26일과 27일 오전에는 에벤에셀교회에서 목회자 세미나가 시원한 날씨 속에 진행되었다. 우리 선교팀이 온두라스에 도착한 날부터 현지 날씨가 갑자기 바뀌었다고 한다. 40도 폭염이 계속되었는데 우리가 도착한 날부터 시원한 바람이 계속 되었으며 낮에는 구름이 해를 가려 서늘한 기후로 변한 것이다.

온두라스를 출발하기 전 하나님께서는 날씨와 기후를 모두 주관할 테니 아무 염려하지 말라고 몇 차례 말씀하셨다. 그동안 야외 집회를 할 때 어려움을 당한 적이 없기에 걱정하지 않았는데 염려하지 말라고 자꾸 말씀하시니 무슨 일이 일어날 것을 짐작할 수 있었다.

7월 26일 저녁 일곱 시, 첫날 집회가 시작되었는데 여섯 시쯤부터 갑자기 비가 내렸다. 빗방울이 굵어지니 방송 장비와 마이크도 사용할 수 없었다. 6만 명이 앉을 수 있는 스탠드에는 이미 사람들로 꽉 찼다. 이곳 사람들은 집회에 왔다가도 비가 오면 돌아간다고 하였다.

그런데 우리 선교팀이 고운 한복을 입고 무대에 나와 억수같이 쏟아지는 빗줄기 속에서 화려한 부채춤을 선보였다. 빗물로 단이 미끄러워 신발을 벗고 맨발로 온몸을 던져 열정적으로 워십댄스와 율동과 찬양을 하니 현지인들은 비를 맞으면서도 자리를 뜨지 않았다. 그들도 운동장으로 나와 함께 몸을 흔들고 손을 들어 찬양하였던 것이다.

강사 대기실에 있던 나는 여섯 시에 단에 올라가겠다고 하니 주최측에서 만류했다. 나는 단에 오르면 비가 멎을 것을 확신하였기에 밖으로 나가려고 했지만 주최 측에서 강사님이 비를 맞으면 안 된다고 자꾸 막으니 답답할 노릇이었다.

일곱 시가 되자 더 지체할 수가 없어 주최 측의 만류를 뒤로 한 채 무대 위로 올라갔다. 그 순간, 세차게 내리던 비가 이슬비로 변하였다. 곧 이슬비도 그치면서 언제 비가 왔느냐는 듯 날이 개면서 시원한 바람까지 불어왔다. 집회가 시작되기 전 비바람을 통해 모기와 나방도 깨끗하게 사라졌다.

밖에는 입장하지 못한 사람으로 장사진을 이뤄

설교를 마치고 환자를 위한 기도가 끝났다. 치료받은 사람들의 간증이 밤 10시가 넘도록 줄을 이었다. 에이즈를 비롯하여 눈먼 사람이 눈뜨고 벙어리가 말하며 각종 질병이 치료됐다. 천상의 창조 권능의 완성이 무엇인지 보여 주는 폭발적인 성령의 역사가 나타난 것이다. 이처럼 눈에 보이는 수많은 표적이 나타났다면 눈에 보이지 않는 속병이나 난치병, 불치병 환자가 얼마나 많이 치료됐겠는가?

둘째 날에는 집회가 시작되기 전부터 스탠드뿐 아니라 잔디 운동장 위에도 사람들로 가득했다. 바람이 시원하게 불고 전등 주변에는 나방이나 모기 한 마리 구경할 수 없었다. 산페드로술라 시 부시장이 나에게 모기 퇴치 기도를 요청할 정도로 이곳은 심각하였지만 하나님께서 함께하니 해충을 찾기 어려웠다.

"강사님, 오늘 입장하지 못한 인원까지 포함하면 약 10만 명이 넘습니다. 밖에 들어오지 못한 인원만 몇 만 명 됩니다."

스탠드가 가득 차니 안전 때문에 밀려드는 사람을 입장시키지 않았는데 미처 들어오지 못한 사람이 밖에서 장사진을 치고 있다는 안타까운 소식이었다. 설교를 마친 후 짧은 환자기도를 통해 수많은 사람이 휠체어에서 일어나 걸으며 질병을 치료받아 간증하였다.

성령의 불은 불가능이 없어

이 집회에서 산페드로술라 시 베데스타 병원 호세 사마라 박사의 인솔 아래 의료진이 치료받은 사람들을 검증하는 작업을 하였다. X-ray를 비롯하여 MRI 촬영, 혈액 검사 등 검진을 했다. 의료진은 그동안 말로만 듣던 권능의 역사를 눈으로 확인하였고 믿음을 갖는 계기가 되었다. 의료팀 중에 크루즈 마린 박사는 마리아 여세니아라는 12세 소녀에 대한 검진 결과를 발표하였다. 마리아는 두 살 때 열병으로 오른쪽 시력을 상실하였다. 각막이식 수술을 받았지만 여전히 볼 수 없었다. 그런데 집회에 참석하여 기도받을 때 빛이 들어오면서 사물을 확인할 수 있을 정도로 회복된 것이다.

에스테반 쥬닌가라는 12세 소년은 태어난 지 8개월 만에 에이즈에 감염되었다. 텔레비전에서 집회 광고를 보고 참석하였는데 환자기도 시간에 몸 안에 뜨거운 열이 나가는 것을 느꼈다고 한다. 소화기관의 이상으로 그동안 음식을 제대로 먹지 못했는데 통증이 완전히 사라져, 음식을 잘 먹게 되었다. 그 후 병원에 가 보니 완전히 치료됐다는 진단을 받았다.

오스만구에라 미란다라는 26세 청년은 에이즈에 걸려 걸을 수 없어 누워서 생활했다. 그런데 이 집회에 참석하여 기도를 받을 때 몸에 뜨거운 불이 임하는 것을 느꼈는데 그 순간 통증이 사라졌다. 이내 일어나 걸을 수 있었다.

특히 성회 안전 총책임자로 수고한 아이날도 바트레스는 이 집회가 열리기 한 달 전에 다리를 다쳐 거동이 불편했고, 뛰는 것은 생각할 수도 없었다. 아픈 다리를 이끌고 집회 안전을 위해 열심히 봉사했는데 환자 기도 시간에 온몸이 떨리더니 시원해지면서 깨끗이 치료됐다고 한다. 다음 날 축구 시합을 할 정도로 다리가 온전해졌다. 그의 8세 된 딸은 선천적으로 한쪽 귀가 자라지 못했고 들을 수 없었는데 집회에 참석하여 기도받은 후 잘 들린다고 기뻐하였다.

몰몬교도인 수야파 리에라는 텔레비전으로 실황을 보다가 환자기도를 할 때 아픈 다리 위에 손을 얹고 기도를 받았다. 8개월 전 사고로 다리를 쓸 수 없었으며, 기도받는 순간 성령의 불이 임하여 그 자리에서 걷고 뛸 수 있었다. 그녀는 몰몬교에서 기독교로 개종하였다.

이곳 목회자들이 "성경 속에 들어와 있는 기분이다. 이제야 하나님이 전지전능한 분임을 확실하게 믿을 수 있게 되었다."고 이구동성으로 말하는 것을 보면서 보람을 느낄 수 있었다. 예수님 당시처럼 수많은 환자가 몰려들어 누구든지 믿음으로 나오기만 하면 불같은 성령의 역사를 체험하고 치료받은 것이다.

집회를 마치고 귀국했을 때 온두라스 부통령으로부터 서신이 왔다. 많은 사람을 치료하여 영적으로 도와주고 바른 길로 이끌어 주어 국민을 대신하여 감사를 전하는 내용이었다.

새로운 권능의 차원으로

해외 성회를 하는 곳마다 언론이 떠들썩할 정도로 큰 권능이 나타났지만 정작 나는 만족하지 못했다. 죄악이 가득 찬 이 시대에 이 정도 권능으로 세계 선교를 이루기에는 부족했기 때문이다.

온두라스 성회를 마친 후 하나님께서는 새로운 권능의 차원으로 이끄셨다. 전혀 들어본 적 없는 창조의 근본 소리에 관해 설명해 주셨는데 최상의 창조 권능 완성을 온전히 이루기 위해 근본의 소리를 찾아야 한다는 새로운 목표를 주신 것이다.

"옛적 하늘들의 하늘을 타신 자에게 찬송하라 주께서 그 소리를 발하시니 웅장한 소리로다"(시 68:33)

근본의 소리는 창조주 하나님께서 근본적으로 머금은 소리이다. 우주를 울릴 만큼 웅장하며 이 소리로써 우주 만물을 창조하셨다. 하나님의 근본의 소리는 천하 만물에 배어 있어 이 소리를 내면 만물이 즉시 순종한다.

"여호와께서 가라사대 나의 신이 영원히 사람과 함께하지 아니하리니 이는 그들이 육체가 됨이라"(창 6:3)

다만 근본 소리를 듣지 못하는 존재가 있는데 물과 성령으로 거듭나지 않은 육체의 사람이다. 이들을 깨우기 위해 하나님의 권능이 필요하다. 사복음서에 보면 예수님 말씀에 천하 만물이 즉시 순종한 기록이 나온다.

"제자들이 나아와 깨워 가로되 주여 주여 우리가 죽겠나이다 한대 예수께서 잠을 깨사 바람과 물결을 꾸짖으시니 이에 그쳐 잔잔하여지더라 제자들에게 이르시되 너희 믿음이 어디 있느냐 하시니 저희가 두려워하고 기이히 여겨 서로 말하되 저가 뉘기에 바람과 물을 명하매 순종하는고 하더라" (눅 8:24-25)

예수님께서 바람과 물결을 꾸짖으시니 순종하였다. 창조의 근본 소리로써 명령하니 무생물이라도 그 소리를 알아듣고 순종한 것이다. 예수님께서 근본 하나님의 소리를 동일하게 가졌기 때문이다. 근본의 소리를 통한 권능과 단순히 믿음의 간구로 일어나는 권능의 역사는 그 속도와 강도에 차이가 있다. 근본의 소리는 곧바로 창조 역사가 나타나 응답되는 반면, 믿음의 간구는 천군과 천사가 움직여야 하는 중간 과정이 있어 그만큼 시간이 걸린다.

우리나라의 옛 선각자 중 수십 년, 혹은 수백 년 후 될 일을 예언한 것이 정확하게 맞는 경우가 있다. 이런 사람은 오랜 수도를 통해 악을 버리고 무 상태에 들어갔기에 무엇을 판단 정죄하는 것이 없었고, 신의 소리를 들었다. 항상은 아닐지라도 가끔 신의 소리를 들어 예언한 것이 정확하게 맞은 것이다.

이순신 장군은 악이 없는 선한 마음으로 왕과 백성을 위해 생명을 바칠 수 있었다. 난중일기를 보면 그는 선한 마음으로 신을 인정하고 기도한 것을 볼 수 있다. 앞일을 알았기에 일본이 침략할 것을 알고 많은 비난을 무릅쓴 채 거북선을 제조하여 풍전등화의 위기에 처한 나라를 구했다.

근본의 소리를 들은 믿음의 선진들

영으로 성장하면 성령의 음성을 듣고 인도를 받는다. 그런데 이것을 다 무로 돌리고 더 깊은 영의 차원으로 들어가면 하나님의 근본의 소리를 들을 수 있다. 하나님께서는 이제 내가 그동안 온 영(살전 5:23)을 일구어온 것을 무로 돌릴 때가 왔다고 하셨다.

　성경을 보면 근본의 소리를 들은 장면을 볼 수 있다. 홍해를 가르라는 하나님 음성을 들은 모세가 순종하여 지팡이를 들고 "홍해야 갈라지라"고 명하니 하나님의 역사가 나타났다. 여호수아가 해와 달을 멈추라고 명할 때에도 근본의 소리를 듣고 명하였기에 해와 달이 멈춘 것이다. 그의 믿음이 커서가 아니었다. 만일 여호수아에게 해와 달을 멈추게 할 수 있는 능력이 있다면 그가 명령할 때 모든 것이 이루어질 것이다. 굳이 해와 달을 멈추게 할 필요 없이 "아말렉 군대여, 전멸하라!"고 외치면 전멸될 것이니 전쟁이 다 끝나지 않겠는가?

　예수님께서 죽은 지 나흘 된 나사로를 살릴 때에도 마찬가지다. 예수님께서는 이미 하나님의 음성을 들었다. 예수님은 항상 아버지의 소리를 들으셨다. 나사로가 죽어도 그를 살려 영광 받으리라는 아버지 음성을 이미 들었기에 걱정하지 않으셨던 것이다. 나사로의 무덤에서 '나사로야 나오라'고 근본의 소리로 명령하니 수족을 베로 동인 채 나사로가 무덤에서 걸어 나왔다.

사도 도마의 순교의 피가 열매 맺다

인도 첸나이는 사도 도마가 복음을 전하다 순교한 곳으로 기념 교회
가 있다. 예수님 열두 제자 중 한 사람인 도마는 의심이 많은 사람이다.
그러나 부활한 주님을 만난 후 참 믿음을 가졌으며, 성령받고 복음을
전하다 순교하였다.

2002년 10월, 하나님께서는 힌두교의 나라 인도로 이끄셨다. 만세 전
부터 계획한 성회이며, 창조의 근본 소리로 역사되는 첫 성회로 중동과
이스라엘에 복음이 들어가는 중요한 기점이 될 것도 알려 주셨다.

3년 가뭄은 심각한 물 전쟁으로

인도 남동부에 자리잡은 첸나이는 인도에서 네 번째로 큰 도시이다.
이곳 마리나 해변에서 10월 10일부터 4일 동안 첸나이 오순절 교단 목
회자협의회 주최로 성회가 열렸다.

10월 8일, 인천 공항을 출발하여 경유지 싱가포르로 가는 동안 창밖에는 무지개가 나타났다 사라지기를 반복하였다. 선교 여행을 갈 때마다 나타난 원형 무지개가 약 한 시간 동안 비행기를 따라왔다. 4일 동안의 집회에 함께 한다는 언약인 듯 4중 원형으로 선명하게 빛나고 있었다. 이밖에도 일자형 무지개 등 각종 무지개가 나타났다 사라지기를 반복했기에 우리 선교팀은 기내 창밖을 보면서 탄성을 지르고 카메라와 비디오에 담기 바빴다.

10월 8일 밤 10시경, 첸나이 공항에 도착했을 때 이슬비가 내렸다. 차를 타고 공항을 출발할 무렵 비가 억수같이 쏟아졌다. 그런데 환영 나온 사람들이 비를 맞으면서도 기뻐하는 표정이었다. 이곳에는 3년간 가뭄이 지속되다가 최근 9개월간 비가 전혀 오지 않아 심각한 사회 문제가 되었다고 한다.

첸나이 시 전체가 물 공급 문제로 주정부를 대상으로 파업을 벌일 정도였다. 물 전쟁을 겪는 이곳에 내가 도착한 이후 계속 많은 비가 내렸다. 덕분에 나는 이곳 사람들로부터 비를 몰고 온 사람이라며 '레인 맨'이라는 별명을 얻었다.

집회 첫날부터 강제 개종 금지 법령이 발표되고

하나님께서 성회를 통해 크게 영광 받으시고자 한 만큼 원수 마귀 사단의 방해가 극심하였다.

첸나이 지역에 거짓 자료를 유포하여 집회를 방해하는 사람도 있었다. 이보다 더 큰 사건은 집회가 열리지 못하도록 강제 개종 금지 법령이 공포된 것이다.

그 내용을 보면 "개종을 위해서는 무력이나 선전물, 부정적인 방법을 사용할 수 없으며, 개종을 선동해서도 안 된다. 만일 어긴 사람은 누구든지 최고 3년 형에 처하고, 최고 5만 루피 벌금형에 처하며 개종한 사람이 소수 민족이거나 여성일 경우 형벌이 가중된다. 그럴 경우에는 최고 4년 형, 최고 10만 루피 벌금형을 받는다. 스스로 개종한 사람이나 종교 지도자로서 개종에 참여하는 모든 사람은 개종 사실을 지역 행정관에게 알려야 한다."는 것이다.

이 법령은 연합대성회 첫날인 10월 10일부터 시행되었다. 그러니 내가 복음을 전하면 체포될 것을 각오해야 하는 상황이었다. 인도에 도착하기 전까지 나는 이 사실을 알지 못했다. 현지에서 스태프로 홍보 활동을 하던 일꾼들은 내가 걱정할까 우려하여 알려 주지 않았기 때문이다.

이런 상황이다 보니 주최 측에서는 나에게 평화와 축복의 메시지만 전할 것을 요청하였다.

그러나 창조주 하나님과 구세주 예수 그리스도에 대해 설교하지 않는다면 이곳에 올 이유가 없었다. 설령 결박과 환난을 당해도 창조주 하나님과 예수 그리스도를 증거할 것이기에 조금도 주춤하지 않았다.

나는 매 시간마다 예수님을 구세주로 영접해야 죄를 용서받고 구원받을 수 있음을 강조했고, 아름다운 천국과 참혹한 지옥에 대해 전하였다.

목회자 세미나에서

대성회 첫날인 10월 10일, 오전부터 첸나이 상공에는 해를 중심으로 커다란 원형 무지개가 나타났다. 오전에는 까마라 주 회관 대강당에서 목회자 세미나가 진행되었다. 주최 측이 예상한 인원의 두 배인 약 3,000여 명의 목회자가 참석하였는데 나는 '선악과를 두신 이유'에 대해 메시지를 전하였다. 말씀 한 마디 한 마디 놓칠세라 진지하게 들으면서 박수와 환호를 보내는 이들의 모습을 보면서 얼마나 영적으로 갈급해 있는지 느낄 수 있었다.

그런데 목회자 세미나 때 타밀어 통역 담당자가 지각을 해서 대신 다른 사람이 하였다. 나중에 안 사실인데 준비위원장과 통역자 사이에 만일 내가 설교하다가 영적 세계에 관한 말을 하면 그 부분은 통역하지 않기로 서로 약속한 것이다. 선악과를 다루는데 에덴동산에 관한 이야기를 통역하지 않으면 알맹이를 빼낸 것과 다름없다.

급히 교체된 통역자는 이런 상황을 알지 못했기에 여과 없이 통역했다. 이곳은 차가 막히는 지역이 아닌데 통역자가 지각한 것을 보면 하나님께서 막은 것임을 알 수 있었다.

이날 오후 6시경, 나는 기대와 설렘으로 마리나 해변에 도착하였다. 이곳은 세계에서 두 번째 큰 해안이다. 내가 머무는 숙소와 15분 정도 거리에 있어서 멀리서도 무대가 보인다. 3층 높이에 가로 45미터로 꾸민 단은 약 2천 명이 앉을 수 있는 초대형 무대로 수많은 사람이 간증하도록 설치하였다. 장소가 워낙 크고 넓어서 단과 멀리 떨어진 곳에는 군데군데 스크린이 설치되었는데 대각선이 25미터나 되는 대형 스크린이었다. 성회 한 시간 전부터 마리나 해변에는 많은 사람이 모였다.

대성회의 막이 올라

이날 나는 '창조주 하나님'에 대해 말씀을 전하였다. 하나님이 참 신인지 아닌지, 전지전능한지 안 그런지, 하나님이 어떻게 역사하는지 직접 보여 주겠다고 선포하였다. 설교 후 짧지만 진액을 다해 기도했다. 귀신이 나가고 수많은 환자가 치료받는 기적의 장면이 방송을 통해 생중계되었다.

이날 치료받은 가네쉬라는 열여섯 살 소년이 있다. 그가 사고로 병원에 가 보니 우측 골반 부위에 골종양이 있어 종양 제거와 금이 간 뼈를 잘라낸 뒤 쇠를 박는 수술을 받고, 6개월 동안 침대에 누워 지냈다.

붕대를 풀고 난 후에도 통증 때문에 걷거나 앉아 있기 어려운 상태였다. 그런데 주변의 도움으로 마리나 해변 집회에 참석하였다. 소년은 환자 기도 시간에 기도받는 순간 감전되는 것 같은 체험을 했다. 그때부터 통증이 사라지고 목발이 필요 없었다.

둘째 날 새벽에 비가 많이 내렸다. 첫날보다 더 많은 사람이 모이고 큰 치료 역사가 나타났다. 날마다 수십만 명이 모였다. 높은 단상에 있었지만 사람들의 끝이 어디까지인지 구분하기 어려웠다. 주최 측 목회자들은 치료된 사람들이 한꺼번에 단으로 몰려들자 미처 예상치 못한 일이기에 당황해했다.

그동안 세계적으로 유명한 강사가 마리나 해변에서 집회를 많이 했지만 치료 역사를 보지 못했기에 이런 일이 일어날 줄 미처 생각지 못했다는 것이다.

인도 연합대성회(미리니 해변)

최고 집회를 이루기 위한 하나님 섭리 속에

셋째 날에는 낮부터 선명한 원형 무지개와 일자 무지개가 떴다. 이날 수십만 명이 모인 가운데 집회가 시작되었다. 그런데 돌발 상황이 발생했다. 설교를 하는데 갑자기 큰 바람과 함께 거센 빗줄기가 몰아쳤다. 천둥 번개가 치고 폭포처럼 쏟아지는 빗줄기에 눈조차 제대로 뜰 수 없었다.

거센 비바람에 단이 흔들릴 정도였다. 한쪽에서 사람들이 술렁이며 일어나려는 움직임이 보였다. 나는 이런 비에 요동하지 말고 믿음으로 승리하여 하나님의 영광을 보자고 호소하였다. 그러자 이내 잠잠해지면서 설교를 경청하였다.

나는 여러 가지를 염려하지 않을 수 없었다. 당장 큰 문제는 방송 장비에 물이 들어가 망가질 수 있고, 전기가 약한 지역이므로 합선될 염려도 있었다. 텔레비전 방송도 중단될 수 있지만 하나님께서 지켜 줄 것이라는 믿음으로 염려를 지웠다.

신기한 것은 세찬 비바람이 한 시간 이상 계속되는데 스크린이나 조명, 전기 시설, 방송 장비 등 어느 것 하나 손상되지 않았다. 그 정도 비바람이면 조명 기구가 터질 수 있는데 말이다. 단에는 전기 배선이 깔려 있고, 콘센트에 빗물이 들어갔는데 합선이나 누전 사고도 없었다. 하나님이 지켜 주니 조그만 사고도 일어나지 않았던 것이다.

나는 설교하면서 마음속으로는 "비야 멎어라" 계속 기도하였다. 빗방울은 더 거세질 뿐이었다. 지난 20년 동안 크고 작은 행사 때마다 하나님께서는 항상 좋은 날씨로 주관하셨다. 억수같이 오던 비가 기도하면 그쳤다. 옷이 흠뻑 젖도록 비를 맞은 것은 처음 겪는 일이었다.

얼마나 애가 타고 긴장했는지 다리에 힘이 빠지면서 그 자리에 주저앉아 엉엉 울고 싶었다. 그러나 눈물을 보일 수 없었다. 한 시간 넘도록 우산도 쓰지 않고 폭우를 맞으며 설교하고, 간절히 환자를 위해 기도하는 내 모습에 감동을 받았는지 사람들은 움직이지 않았다. 이날 하나님께서는 엄청난 치유 역사를 베풀었으며, 텔레비전과 인터넷을 통해 수많은 사람이 지켜보았다.

기도가 끝나고 간증이 시작되었다. 나는 자리를 뜨지 않고 지켜보았다. 간증하려고 아랫단으로 올라온 사람들 중에는 나를 바라보고 눈물 흘리며 감사하는 사람도 있었다. 호텔로 돌아온 나는 왜 이렇게 큰 비가 왔으며, 기도해도 멈추지 않았는지 하나님께 여쭤 보았다. 세찬 비바람은 하나님의 특별한 섭리 속에 일어난 것임을 알려 주셨다. 아버지 하나님께서 계획한 섭리 속에 비가 온 것이기에 내가 비를 멈추게 해 달라는 기도를 해도 천사가 순종할 수 없었던 것이다.

"이번 일을 통해 인도 사람에게 하나님과 예수님이 심겼으며, 또한 네가 심겨졌느니라."

하나님께서 폭우를 내린 것은 현지 목회자와 많은 사람에게 진정한 믿음이 무엇인지 알리고, 하나님의 사랑을 깊이 각인하기 위함이었다고 하셨다. 또한 믿음으로 잘 통과했으니 더 큰 축복이 임하는 반전의 기회가 될 것이라 하셨다.

2001년부터 인도 성회가 만세 전에 예비한 것이므로 최다, 최고의 집회가 될 것을 알려 주셨다. 하나님께서는 사람의 마음을 알기에 어떻게 하면 사람들이 몰려올지 알고 계셨다. 이 집회 실황이 인터넷뿐 아니라

폭우 속에서 환자를 위한 기도를 하고 있다

인도 4개 텔레비전 방송사에서 생중계되었다. 인도 기독교 역사상 보기 드문 일이다. 이날 텔레비전을 통해 거센 빗줄기 속에서 계속된 집회를 지켜본 수많은 인도 사람은 크게 감동했다. 그리스도의 참사랑을 발견하고, 하나님의 사랑이 그들의 가슴 속에 깊이 각인된 것이다.

"저분이 도대체 누구이기에 인도 사람들을 저토록 헌신적으로 사랑하는가?"

기독교 역사에 남을 만한 초유의 인파

다음 날 10월 13일, 마리나 해변에는 약 150만 명이라는 초유의 인파가 모였다. 입소문을 통해 전날 텔레비전으로 집회를 시청하던 많은 사람이 감동하여 마리나 해변으로 온 것이다. 끝이 보이질 않았다. 해변의 모래알이 모두 사람으로 변한 것 같다고 표현하는 사람도 있었다. 이날 환자 기도를 할 때 수많은 귀신의 신음소리의 울부짖음이 들렸다.

귀신들은 이미 내가 물러가라 명령할 것을 알고 비명을 지르며 아우성쳤다. 인도 사람은 오랫동안 우상을 숭배해서 악한 영에 사로잡힌 경우가 많다. 귀신들에게 나가라고 명령하자 순식간에 비명이 그치고 잠잠해졌다. 영안이 열린 사람은 새카만 귀신들이 뒤도 돌아보지 않고 도망가는 것을 보았다고 한다.

근본 소리의 위력은 대단하였다. 귀신 들려 고통받던 사람들이 온전해졌으며, 듣지 못하던 사람이 듣고, 말하지 못하던 사람이 말을 했다. 들 것에 실려 왔다가 치료되어 일어나 걷는 사람, 불치병, 난치병이 치료돼 기뻐 뛰는 등 불같은 성령의 역사 속에 펼쳐진 마지막 날 집회는 그야

말로 사상 초유의 기록을 남겼다.

그뿐만 아니었다. 힌두교인들 중에는 집에서 계란이나 열매를 걸어 놓고 싫어하는 사람을 저주하는 악한 주술을 하는 사람이 있다. 집회가 끝나 귀국하여 나는 흑마술에 관련된 여러 통의 편지를 받았다. 믿지 않는 남편이 강사인 나를 저주하고자 집에 계란을 여기저기 달아 놓았는데 크리스천인 아내가 인도 성회를 텔레비전에서 보고 있었다. 그런데 내가 환자 기도를 할 때 갑자기 계란을 걸어놓은 못이 빠지면서 땅바닥에 떨어져 깨졌다. 놀란 남편이 이제는 기독교를 훼방하지 않고 교회에 나가겠노라는 내용이었다.

현지 목회자들은 인도 성회가 최고, 최대, 최다의 성회라고 하였다. 성경에 근거하여 창조주 하나님과 예수 그리스도를 전하되 따르는 표적으로 말씀을 확증했기에 흠 잡을 곳 없는 완벽한 말씀이라고 입을 모았다. 주최 측에서 말하기를 이 집회 기간 동안 모인 사람의 60% 이상은 힌두교도라고 하였다. 이들 중 많은 사람이 예수 그리스도를 영접하고 개종하였다. 마리나 해변뿐 아니라 9개 지역에서 대형 스크린을 설치하여 동시 집회를 가졌는데 이 지역에서도 수만 명씩 모여 말씀을 듣고 치료받았다. 인도 기독교사에 한 획을 그었으며, 도마 사도가 흘린 고귀한 순교의 피가 열매 맺은 집회였다.

결국 강제 개종 법령이 철폐되어

성회 첫날부터 많은 경찰이 굳은 표정으로 나를 감시하였는데 갈수록 그들의 표정이 변하였다. 수많은 사람이 치료받는 장면을 본 경찰관이

기적을 체험한 수많은 사람이 간증하고 있다

모자를 벗고 내 앞에 나와 무릎 꿇고 기도받았다. 경찰들은 4일 동안 연인원 3백만 명 이상의 사람이 아무런 사고와 충돌 없이 평화적인 기독교 집회를 가졌다고 인도 중앙정부와 타밀나두 주정부에 보고하였다. 기독교가 새로운 시각으로 평가받는 계기가 되었고 탄압과 억눌림 속에 지낸 기독교인들이 자긍심을 갖게 되었다.

수많은 사람이 개종하여 기독교가 힘을 받은 것이다. 기독교 지도자들이 연합하여 강제 개종 금지 법령을 철폐하라는 성명서를 냈다. 10여개 정당과 정치인도 법령 철폐를 요구했다. 기독교 학교와 병원의 휴교와 휴업, 기독교인의 금식 집회로 주정부에 대항하는, 전에는 상상하기 어려운 일이 계속 일어났다.

그 결과 2004년 4월부터 두 달 동안 진행된 인도의 제14회 하원 선거에서 AIDAMK 정당이 참패하였다. AIDAMK는 강제 개종 법령을 제정한 타밀라두주 수상 자얄랄리타 여사가 몸담은 곳이다. 기독교에 우호적인 국민 회의당의 주도로 UPA 연합 정당이 구성되었는데 이 정당이 정권 교체에 성공하여 집권당이 된 것이다.

자얄랄리타 수상은 선거에서 참패한 후 민심을 회유하기 위한 여러 정책을 발표하였다. 그 중에 하나가 2004년 5월 18일, 강제 개종 법령 철폐였다.

기독교 역사의 한 획을 긋는 인도 성회에는 미국, 중동, 러시아, 호주, 이스라엘 등 많은 목회자와 언론인이 참석하였다. 그들은 성경에만 있다고 생각했던 권능이 지금도 나타남을 목격하였기에 자국에서도 집회를 열어 달라고 요청했다. 집회를 요청하는 곳이 30개국이 넘었다. 2000년 이후 인도 성회가 일곱 번째지만 그동안 내 임의로 집회 장소

를 결정한 적은 없다. 사람의 생각을 동원하지 않고 하나님께서 가라고
하신 곳에 갔을 뿐이다.

제7장
열방은 네 빛으로, 열왕은 비취는 네 광명으로

두바이에서 생긴 일

우간다 성회가 끝난 후 하나님께서 앞으로 두바이에 갈 것을 알려 주셨다. 그때만 해도 두바이는 처음 들어보는 낯선 지명이었다. 그 후 케냐 성회를 다녀올 때 두바이 공항을 경유하면서 처음으로 그 땅을 밟았다. 공항에 머무는 동안 나는 "아버지여! 이 땅을 통해 크게 영광을 받으소서."라고 기도하였다.

두바이는 아랍에미리트연합(UAE) 제2의 도시로 우리나라가 원유의 대부분을 수입하는 곳이다. 하나님께서는 그동안 일곱 번의 성회가 양적 집회였다면 이제부터는 질적 집회가 되리라 하셨다. 두바이 집회는 단순히 집회가 목적이 아니기에 생각의 틀을 깨뜨려야 한다고 하셨다. 나를 고위층에 알리고 때가 이르러 대성전 건축의 섭리를 이루기 위함이었다.

두바이 당국으로부터 집회 허가를 받은 후 2003년 4월 2일부터 4일까지 하이야트 호텔 국제 회의장에서 '한국 기독문화 축제'를 준비했다.

한국 전통 무용과 음악을 아랍인에게 소개하여 양국 친선을 도모하며 자연스럽게 복음을 전하려는 계획이었다. 교회에서 집회를 할 수 있지만 모슬렘은 교회에 올 수 없으므로 장소를 호텔로 정했다. 나는 처음부터 이 집회가 성사되지 못할 것이라는 주관을 받았지만 주변 일꾼에게 말하지 않고 믿음으로 끝까지 준비하게 했다. 두바이는 다른 중동 국가에 비해 개방적이라 해도 이슬람 국가이기에 현지 아랍인을 상대로 전도하는 것은 엄격히 금지되어 있다.

집회 전날, 두바이에 도착하니 이미 당국으로부터 안전 상의 이유로 집회를 취소하라는 통보가 왔음을 알았다. 이라크 전쟁이 시작되어 세계정세가 불안한 요인도 있지만 집회 준비를 하던 일꾼이 우연히 호텔에 시찰 나온 두바이 왕세자를 만나 초청장을 보여 준 것이 실수였다. 모슬렘인 왕세자가 기독교 집회임을 알고 취소 명령을 내린 것이다.

철저한 경찰의 감시 속에서

4월 2일, 100여 명이 넘는 경찰이 호텔 주변에서 겹겹이 검문 검색을 하였다. 집회에 참석하려고 초청장을 갖고 온 방문객을 돌려보낼 뿐 아니라 우리 선교팀도 감시하였다. 원수 마귀는 최고 권력층을 통해 우리를 통제하면 모두 끝날 줄 알았지만 하나님의 섭리는 조용히 이루어지고 있었다.

다음 날, 두바이 시내에 있는 이슬람 복지기관 장애인 클럽에서 집회 요청이 왔다. 우리 팀은 삼삼오오 짝을 지어 택시를 타고 목적지에 도착했다. 예정에 없이 갑자기 이루어진 집회기에 숫자는 얼마 안 되었다. 훨체어나 목발 없이 걸을 수 없는 중중 장애인들이 모여 있었다. 검은 차도르로 온몸을 감싼 이슬람 여인들도 있었다. 나는 약 15분 동안 짧게 복음을 전한 후 예수 그리스도 이름으로 기도하였는데 하나님의 역사가 크게 나타났다. 걷지 못한 사람이 걷고 듣지 못하던 사람의 청력이 회복되었으며 뇌성마비로 꼬인 몸이 풀어졌다.

이 짧은 시간의 집회와 그동안 연합대성회가 16개국을 커버하는 ZEE TV를 통해 두바이 전역에 방송되었다.

내가 호텔에 머무는 동안 하나님 권능을 사모한 사람들이 경찰의 경계망을 뚫고 계속 나를 찾아왔다. 집회가 있으면 준비하느라 사람을 만날 수 없는데 집회가 없으니 하나님께서 보내 주는 사람을 많이 만날 수 있었다. 인도에서 온 쉴라 디와커라는 여인은 교통사고로 오랫동안 휠체어를 타고 생활했다. 몸에 기력이 없어 움직이는 것이 어려웠다. 그런데 나를 찾아와 기도받은 후 그 자리에서 일어나 걸었고, 기쁨을 감추지 못했다.

언론에서도 우리를 돕는 사람이 있었다. 그 중 오메르 야씬 박사는 부인과 딸과 함께 나를 찾아왔다. 그런데 두 살 때부터 뇌수막염을 앓고 있던 딸이 언어장애로 30년 동안 말을 못하고 있었다. 그런데 나에게 기도받자마자 "땡큐"라고 말하는 것이 아닌가? 딸이 난생 처음 말하는 것을 본 부부는 놀라 감격하였다. 오메르 박사는 딸이 치료받은 이야기를 신문에 싣겠다고 하였다. 짧은 일정이지만 중동 선교에 도움이 되는 여러 사람과 교제하였는데 그 후 하나님 섭리를 펼쳐 나가는 끈이 되었다.

상트 페테르부르그 300주년 기념 공식 행사로 지정된 러시아 연합대성회

2003년 5월 27일, 러시아 푸틴 대통령은 상트 페테르부르그 도시 건립 300주년을 맞아 전 세계 50여 개국 정상을 초청한 가운데 기념행사를 가졌다. 세계 정상들이 회담 및 다양한 행사에 참석하다 보니 세계의 이목이 상트 페테르부르그에 집중되었다.

그 해 러시아교회협의회 주최로 열린 성회는 도시 건립 300주년 공식 행사로 지정되어 당국의 협조 속에 진행되었다. 2003년 11월 12일, 성회 첫날부터 상트 페테르부르그 올림픽 스타디움은 초만원을 이루었다. 이곳 11월은 매우 춥고 눈이 많이 내린다고 하는데 집회 기간 동안 영상의 따뜻한 날씨가 계속되었다. 3일 동안 나는 창조주 하나님과 예수님이 구세주 되시는 이유와 하나님의 권능에 대해 설교하였다.

환자 기도 때마다 스타디움은 거센 성령의 열기 속에 휩싸였다. 귀가 들린다고 외치는 사람, 수십 년 동안 휠체어 없이 움직일 수 없다가 걷기 시작한 사람, 어릴 때부터 다리가 꼬여 지팡이와 의자에 몸을 지탱

러시아 연합대성회
(상트 페테르부르그 올림픽 스타디움)

하여 움직이다가 혼자 걷는 사람, 시력이 회복되어 안경을 버리는 사람, 언어 장애가 치료된 사람 등 생생한 기적의 현장이 전 세계로 전파를 탔다. 이 도시 외에도 펜자, 이젭스크, 우크라이나 등 다섯 군데에서 동시에 스크린 집회가 진행되었다.

집회가 모두 끝나고 환송식에 참석했을 때였다. 이젭스크에서 스크린 집회에 참석한 목회자가 꽃을 들고 나를 찾아왔다. 그곳은 영하 20도가 넘는 추운 날씨지만 천여 명이 참여하였는데 뜨거운 열기 속에서 수많은 사람이 치료됐다는 소식을 전했다. 현지 장애인 협회를 총괄하던 어느 목회자는 이 집회에 청각장애인들과 시각장애인들이 많이 치료받았다면서 기쁨을 감추지 못하였다.

이 성회는 약 27개의 공중파 방송 및 케이블 TV, 12개 위성을 통해 러시아 전역은 물론 150여 개국에 생방송되었다. 에스토니아를 비롯한 인근 나라에서도 방송을 시청하면서 치료를 체험하고 방송사에 연락해 왔다.

현지 의사들이 집회에 참석하여 치료받은 사람을 검진하였다. 의료진들은 "이렇게 기도만 받고도 치료받은 많은 사람을 보면서 신선한 충격을 받았다." 하면서 하나님의 권능의 역사에 놀라움을 감추지 못했다. 모스크바 오순절 교단 총회장은 이 성회에서 불같은 성령의 역사와 하나님의 임재를 느끼며 러시아 교회가 부흥하는 중요한 계기가 되었다고 하였다. 목회자들이 영적인 잠에서 깨어나게 되었고 하나님의 권능이 성경에만 있는 것이 아니라 오늘날에도 그대로 나타남을 믿게 되면서 권능을 사모하고 교계가 단합하게 되었다는 것이다.

영의 공부가 시작되고

하나님은 영이시기에 우리가 진리로 변화되어 영으로 들어가는 만큼 공간의 흐름을 탈 수 있다. 영으로 들어간 만큼 하나님의 공간에서 하나가 되고 권능을 받으니 설교를 해도 권세가 다르다. 목회자가 설교할 때 성도들에게 은혜를 끼치기는 쉽다. 그러나 혼과 영과 관절, 골수를 찔러 쪼개 변화시킬 수 있으려면 하나님께로부터 권세를 받아야 한다.

영의 세계의 깊이는 끝이 없다. 더욱 깊은 차원의 권능으로 이끌기 위한 하나님 인도하심 속에 2003년 4월, 영의 공부가 시작되었다.

하나님의 마음에서 오는 근본의 소리를 백 퍼센트 듣고 최상의 창조 권능을 완전히 나타내기 위해 필요한 과정이었다. 하나님께서는 태초 근본의 영의 법칙을 비롯하여, 공의의 법칙에 대해 설명해 주셨다. 아브라함, 모세, 엘리야, 사도 바울 등 온 영을 이룬 선지자에 대해 자세히 알려 주셨다. 창조주 하나님과 주님에 대하여, 구약과 신약에 기록된 권능을 행한 선지자와 사도에 대하여 알려 주셨으며, 빛과 차원에 대해 공부하게 하셨다.

영적 목회를 하도록 가르치며

나는 하나님께로부터 깊은 영의 세계로 들어가기 위한 지식을 배우고 양식 삼은 것을 토대로 교역자들과 일꾼들에게 해마다 한두 차례씩 주의 종 교육을 했다. 교회를 개척한 후 우리 교회 교역자뿐 아니라 해외 선교사들이 영적으로 성장하여 하나님의 사랑받고 권능받는 목회자가 될 수 있도록 진액을 다해 가르치고 눈물로 기도하며 하나님께 매달렸다.

사도 바울이 "너희가 일깨어 내가 삼 년이나 밤낮 쉬지 않고 눈물로 각 사람을 훈계하던 것을 기억하라"(행 20:31)고 했듯이 아비의 심정으로 그들이 장성한 믿음의 분량을 갖추어 영으로 들어가고, 온 영으로 들어갈 수 있도록 하나님 앞에 훈련받고 깨우친 것을 남김없이 쏟아 부었던 것이다.

나보다 더 큰 능력을 받고 권능을 받은 주의 종이 많이 나와 하나님 나라가 확장되고 수많은 영혼을 구원할 수만 있다면 얼마나 행복한 일인가? 2003년 7월, '영의 흐름'이라는 주제로 제21차 주의 종 교육을 진행했다.

여기서 하나님께로부터 배운 공간에 관한 지식과 영의 마음을 이루어 공간 흐름을 탈 수 있는 방법에 대하여, 새 예루살렘에 있는 이십사 장로에 대하여 자세히 알려 주었다. 또한 영적 목회의 능력을 키우며 천국에 대한 소망을 갖도록 가르쳤다.

성경은 하늘이 하나가 아니고 하늘과 하늘들의 하늘 등 하늘이 여럿임을 기록하고 있다(왕상 8:27,렘 10:12). 신약에도 '모든 하늘 위에' (엡 4:10)라고 복수로 기록된 것이다.

하늘이 한 개가 아니고 여러 개인데 크게는 우리 눈에 보이는 육의 하늘 공간과 우리 눈에 보이지 않는 영의 하늘 공간으로 나눌 수 있다. 우리 눈에 보이는 육의 하늘은 영의 하늘에 비해 아주 작은 공간일 뿐이다. 육의 하늘은 첫째 하늘이며, 둘째 하늘부터는 영의 세계이다. 에덴 동산과 악한 영이 공존하는 둘째 하늘, 천국이 있는 셋째 하늘이 있고, 하나님의 근본 보좌가 있는 넷째 하늘이 있다. 새 예루살렘 성 안에 하나님의 보좌는 또 다른 차원이다.

공간

하나님 마음 안에는 모든 우주 공간이 담겨 있다. 공간을 소유한다는 것은 마음에 온전히 품는다는 뜻이다. 즉, 그 공간에 대한 영의 지식을 영으로 일궈 마음에 온전히 양식 삼는 것이다.

시편 68편 33절에 "옛적 하늘들의 하늘을 타신 자에게 찬송하라 주께서 그 소리를 발하시니 웅장한 소리로다" 하셨다. 웅장한 소리란 바로 창조의 근본 소리를 말한다. 이것은 넷째 하늘의 공간까지 소유하여 지배하고 다스리는 차원을 말하며 이 차원이 되었을 때 근본의 소리를 낼 수 있다. 그 소리를 '웅장한 소리'라고 기록하는데 이 소리는 우리가 들을 수 없다. 창조의 근본 소리가 나면 모든 공간에 속한 만물이 순종하며 그 권세와 위엄은 하늘을 진동케 한다.

만일 사람이 이 소리를 듣는다면 고막이 터질 수밖에 없다. 하나님께서 영의 귀를 열어 준 사람만이 이 우렁찬 소리를 들을 수 있다.

하나님께서는 넷째 하늘의 공간에 대한 영의 지식을 쌓게 하셨다. 영의 차원을 넘어 하나님의 순수한 영의 차원에 들어가 넷째 하늘 공간까지 온전히 소유해야 그것이 가능하다. 그래야 둘째 하늘과 셋째 하늘도 영으로 다스릴 수 있다.

엘리야, 모세, 사도 바울 등 온 영을 이룬 사람은 둘째 하늘에 있는 악한 영을 지배하는 차원까지 가능하다. 온 영을 이룬 사람 앞에는 악한 영이 두려워 떨며 감히 접근할 수 없다. 그러나 온 영을 이룬 사람이 인간 경작을 받는 이 땅에 있는 동안에는 원수 마귀가 악한 사람들을 사주하여 핍박하고 훼방한다. 하나님께서 인간 경작을 마칠 때까지 악한 영들에게 준 권세이기 때문에 원수 마귀는 핍박하고 훼방해서 하나님 나라가 이루어지는 것을 막으려고 한다.

마찬가지로 온 영을 이루더라도 이 땅이 사역을 마치는 순간까지 끊임없이 어둠의 세력과 싸워야 한다. 그러나 넷째 하늘의 공간까지 소유하면 소리가 발하는 대로 이루어지기에 원수 마귀가 방해할 수 없다.

혹자는 "목사님, 하나님이 악한 영에게 권세를 주었다면 원수 마귀도 권능을 행할 수 있지 않습니까?"라고 질문한다. 결론부터 말하자면 원수 마귀는 권능을 행할 수 없다. 원수 마귀는 사람이 하나님 말씀을 떠나 죄를 짓는 만큼 영계의 법에 의해 시험과 환난을 가져다 준다. 하나님께서 뱀에게 흙을 먹고 살라고 하셨는데(창 3:14), 뱀은 개구리나 쥐 등 산 짐승을 먹지 흙을 먹지 않는다. 여기서 흙에는 영적인 의미가 있으니 흙으로 만든 사람을 의미한다. 하나님께서 하지 말라는 말씀에 불순종하고 죄를 짓는 육체의 사람을 먹도록 하신 것이다.

죽은 자를 살리고 앉은뱅이가 일어나며 눈먼 사람이 눈을 뜨는 등 창조 권능은 하나님만이 갖고 계신다. 마귀에게는 이것이 없으므로 성경에 악한 영이 권능을 행한 내용은 나오지 않는다.

넷째 하늘의 공간으로 진입하는 훈련 과정에 하나님께서는 몇 차례 내 몸에서 육의 기운을 빼고 영의 기운으로 채우셨다. 이 과정에서 몸에 이상 증세가 생겨나기도 했다. 몸은 1차원에 있지만 4차원 영의 공간을 소유하는 훈련을 한 것이다. 4차원 영의 공간은 하나님이 태초에 근본 빛과 소리로 계실 때의 차원으로 마음에 품기만 해도 원하는 대로 이루어진다.

연단을 통한 축복 —
세 차례 시험을 허락한 섭리

예수님 능력을 백이라 하면 온 영을 이룬 사람의 권능은 최대가 오십이다. 신구약 통틀어 최대 권능을 행한 사도 바울은 하나님과 활발히 교통하고, 14권의 성경을 기록했다. 이렇게 뛰어난 그도 예수님 권능에 비하면 오십 정도밖에 행하지 못했다. 그래서 소경이 눈을 뜨고, 벙어리가 말하며, 시간과 공간을 초월한 역사를 나타내지 못한 것이다.

더러는 "모세가 사도 바울보다 권능이 더 크지 않았는가" 생각할 수 있다. 그러나 모세는 하나님 말씀에 순종하여 홍해를 가르는 등 기사와 표적을 베풀었다. 하지만 사도 바울은 하나님께서 명령하지 않아도 자신의 믿음을 통해 기사와 표적을 나타낼 수 있었다. 하나님께서는 오늘날 죄악이 가득 찬 마지막 때에 세계 선교를 이루기 위해 사도 바울이 가진 오십의 권능으로는 부족하다고 하셨다.

개척 당시 나의 권능이 1이었다면 하나님께서 99를 채워 놀라운 기사와 표적이 나타나게 하셨다. 개척 후 믿음의 연단을 통해 나의 권능이

10, 20으로 계속 성장해 1998년 세 차례 시험이 시작되기 전 50에 이르렀다. 그런데 하나님의 섭리와 뜻을 50으로 이루기에는 부족하였기에 세 차례 시험을 통해 권능이 점점 더 커지도록 이끈 것이다. 많은 사람에게 배신을 겪고, 애매하게 고난을 당했지만 기뻐하고 감사하고 기도하며 사랑과 선으로 승리할 수 있었다.

　원수 마귀는 1차, 2차, 3차 시험으로 온갖 궤계를 부리며 나를 무너뜨리고자 했지만 실패했다. 영계의 법은 죄의 삯이 사망이기에 죄가 없으면 마귀가 죽이고자 해도 소용이 없다. 원수 마귀가 악한 사람을 사주하여 예수님을 십자가에 달려 돌아가시게 했지만 예수님은 죄가 없으시기에 사망 권세를 깨뜨리고 부활하신 것이다.

　원수 마귀는 더 이상 나를 어찌할 수 없게 되었고 훼방하지 못했다. 이 시험을 통과하니 하나님께서는 나에게 4단계 권능의 빛으로 둘러주셨다. 그 이전에는 내가 기도할 때 하늘에서 권능이 내려와 나를 통해 나갔지만 이후에는 권능의 빛이 내 안에서 나오게 하셨다.

　죄가 가득 찬 이 마지막 때 인간 경작의 대미를 장식하기 위해서는 창조 권능이 필요하다. 그래서 하나님께서는 이 단계로 나를 이끄시고, 사단이 송사하지 못하도록 모든 시험을 허락하셨다. 결국 시험을 승리했기에 하나님이 그런 권능을 주셔도 원수 마귀 사단이 송사할 수 없는 것이다. 만일 이런 과정이 없다면 사단은 백보좌 대심판 때 "하나님의 종에게 저렇게 큰 권능을 주어 사람들이 하나님을 믿을 수 있게 하는 것이 과연 인간 경작입니까?" 하고 일일이 따질 것이다.

　하나님께서는 조금도 흠 없이 공의 안에서 역사하신다. 지금까지 수많은 세월 동안 인간 경작을 하면서 조금도 공의에 어긋난 일은 하시지 않았다. 하나님께서는 나에게 4단계 권능을 주고 더 온전한 단계로 들어올 수 있도록 훈련하셨다. 마지막 때 세계 선교를 이루고 하나님이 살아 계심을 만방에 알려야 하기 때문이다. 이런 과정을 통해 나는 악한 사람을 온전히 선으로 이해하고 믿기 원하시는 하나님의 인성과 사람의 악을 분별하는 신성의 차원을 깊이 깨달았다. 하나님의 사랑과 공의가 내 마음에 임하는 과정이었다.

2000년에는 권능이 급격히 커졌다. 우간다 성회를 기점으로 해외 선교의 문이 활짝 열리며 창조 권능이 본격적으로 나타났다. 그러나 육의 몸을 가진 사람이 4차원 공간으로 들어가는 과정은 결코 쉽지 않았다. 우주 비행사가 지구와 다른 환경에 적응하기 위해 얼마나 많은 적응 훈련을 하는가? 대기권을 벗어나거나 들어올 때 우주선이 받는 마찰력이 큰 것처럼 4차원 공간을 수유하려다 보니 몸에 심한 경련이 일어났다.

2003년 11월, 러시아 성회 전후에 적응 훈련이 절정에 달했다. 절정기에 오르면서 경련이 더 심하게 일어났다. 밤낮으로 경련과 싸워야 하니 잠도 잘 수 없었다. 2004년이 되면서 경련이 현격히 줄었다. 지금도 세계 선교와 성전 건축 등 하나님 나라를 이루기 위해 필요한 재정과 염려의 짐이 나를 누르고 있다. 이런 근심거리가 모두 해결될 때 쉼을 얻을 것이며, 자연히 경련도 사라질 것이다.

2004년 4월 15일, 영의 공부를 마치는 날이었다. 그 후부터는 그동안 배운 영의 지식을 현장에서 자유롭게 활용하기 위한 훈련이 기다리고 있었다. 영의 공부를 마친 날, 기도처에 있는데 태양을 중심으로 선명한 원형 무지개가 빛났다. 영의 공부를 마치면서 권능이 더욱 커졌음을 실감하게 되었는데 치료 역사가 전보다 더 신속하게 나타났다. 권능이 너무 커서 나 스스로 놀랄 정도였다. 화상을 크게 입은 사람이 일주일 만에 흉터 없이 깨끗해졌다. 성도의 축복받는 속도가 빨라지는 등 모든 것이 빠르게 진행되었다. 앞으로 영의 훈련을 마치면 육의 공간이나 영의 공간의 제한을 받지 않고 하나님 공의와 사랑의 법칙 안에서 거침없는 권능의 역사를 펼칠 것이다. 2004년 9월, 더욱 깊은 권능의 차원으로 이끄는 하나님의 손길 속에 영의 훈련이 시작되었다.

인터넷 예배를 드리며 우울증이 치료돼

대만에 사는 웨이 이란은 2004년 5월, 직장에서의 스트레스로 우울 증, 불면증이 갈수록 심해졌다. 오후 4-5시가 되면 숨이 가쁘고 답답해 병원에 실려 갔으며 산소호흡기 신세를 지기 반복했다. 병원에서 준 약 도 소용이 없었다.

우울증은 스트레스가 주원인으로 자신의 의지만으로 벗어나기 어려 운 질병이다. 심하면 자살이나 살인을 초래하며 세계 많은 사람이 고통 당하고 있다.

그녀는 병세가 악화되어 7월에 직장에 휴직원을 냈다. 그녀의 심각한 상태는 우울증뿐만 아니었다. 어지럽고 평형감각이 없는 매니에르 병에 걸려 눈동자는 초점을 잃은 멍한 상태였다. 로봇처럼 몸이 굳어 누군가 의 부축을 받아야 움직일 수 있었다.

이때 주변의 전도를 받아들여 대만 만민교회를 방문했다. 대만 만민교회에서 인터넷으로 주일 예배를 드리면서 은혜받기 시작한 웨이 이란 성도는 담임 목사의 권면으로 녹화된 설교를 들었고, 부르짖어 기도했다. 말씀을 계속 듣다가 자신의 죄악을 발견하고 통회자복한 웨이 이란 성도는 차츰 믿음이 성장하였다.

대만 만민교회 담임 목사는 우리 교회에 그녀의 사진을 보내 기도를 요청하였다. 9월 17일, 금요철야예배 환자 기도 시간에 나는 사진 위에 손을 얹고 간절히 기도하였고, 하나님께서 응답하셨다. 우울증과 매니에르 증상이 모두 사라진 것이다. 그 후 평안하게 잠들 수 있었고, 호흡이 정상으로 돌아왔다. 곧 직장에 복귀한 그녀는 건강한 모습으로 우리 교회를 몇 차례 방문하였으며 열심히 신앙생활을 하고 있다.

성지순례

2004년 3월, 성지순례를 다녀왔다. 그동안 수차례 성지순례를 다녀왔지만 이번에는 남다른 감동의 연속이었다. 갈릴리는 예수님 공생애 기간 주 무대로서 제자들을 부르고 수많은 표적을 베푼 장소이다. 우리 순례팀은 갈릴리 선상에서 찬양과 기도와 묵상으로 뜻 깊은 시간을 가졌다.

예수님을 묵상하며

예수님께서 가르친 수많은 말씀이 영롱한 보석이 되어 호수에서 반짝였다. 이 길을 예수님이 지나가셨을까? 복음을 전하고 표적을 베푼 예수님은 편히 잡수시거나 쉴 틈도 없으셨다.

갈릴리를 순례할 때 나무 한 그루, 돌 하나, 풀 한 포기도 그냥 지나칠 수 없다. 갈릴리 주변 마을을 돌아보니 가슴이 아릴 정도로 주님이 뵙고 싶었다. 동터오는 새벽녘, 갈릴리 호수를 바라보며 간절히 기도하였고, 예수님의 행적을 묵상하였다. 주님을 향한 그리움은 어느새 눈물로 변해 눈가가 촉촉했다. 갈릴리에 머물며 기도할 때 성경의 한 장면을 영화 보듯 영감으로 보여 주셨다.

예수님께서는 여러 곳을 다니면서 많은 무리를 가르치고 병자를 고치느라 충분히 쉴 시간이 없었다. 예수님과 제자들이 길을 가다가 잠시 길가에 앉아 쉬었다. 이때 제자들의 맏형격인 베드로는 예수님을 보호하려는 마음이 가득하여 늘 자신이 앞장서서 길을 걷곤 했다. 베드로가 겉옷을 벗어 돌 위를 닦은 후 예수님을 앉게 하였다. 예수님께서 앉자 요한은 흙먼지 자갈밭을 오래 걸어 더러워진 발과 샌들을 자기 옷으로 닦았다. 제자들이 민가에 가서 먹을 것을 구해 왔는데 부침개처럼 납작하면서 둥근 큰 빵이었다. 베드로가 가장 좋은 것을 골라 예수님께 드리고 제자들과 길가에 털썩 앉아 몇 개 안 되는 빵을 나눠 먹는 모습이 보였다. 예수님께서는 마음을 다해 섬기는 제자의 마음을 받으시고 빵 한 개를 다 드셨다.

갈릴리 호수에는 예수님께서 말씀하신 소리가 마치 물방울처럼 동그랗게 스며들어 있었다. 현대 과학으로는 예수님 목소리를 다시 들을 수 없지만 하나님 은혜로 영안이 열리고 영의 귀가 열린 사람은 얼마든지 보고 들을 수 있다. 영안이 열린 사람이 보면 예수님께서 머문 장소나 지나간 곳에는 강한 빛으로 자취가 남아 있다.

갈릴리 호수에서

신령한 빛과 영적인 기운을 느낀 변화산

마태복음 17장에 나오는 변화산은 예수님께서 베드로와 야고보와 요한을 데리고 산에 올라 기도한 곳이다. 이때 예수님께서 영체로 변화하여 모세와 엘리야를 만나 깊은 영의 대화를 나누는 모습을 제자들이 본다. 베드로가 이 신비로운 광경을 보고 여기에 초막 셋을 짓는 것이 좋겠다고 하였다.

실제로 산 정상에 올라가니 초막 셋뿐 아니라 그 이상도 지을 만큼 넓었다. 예수님과 제자들은 이 높은 산을 오르내리면서 힘들지 않았을까? 이곳에는 예수님 당시의 신령한 빛과 소리와 영적인 기운이 느껴졌다. 영안이 열린 사람이 보면 예수님께서 모세와 엘리야를 만난 장소는 강한 빛으로 둘려 있기에 금방 알 수 있다. 변화산 사건을 기념하여 세운 교회는 실제 이 장소와는 50,60미터 떨어진 곳에 있었다.

예수님께서 기도한 겟세마네 동산과 십자가 지기 전 땀방울이 핏방울로 변하도록 애절하게 기도한 만민교회를 방문하였다. 곳곳에 예수님 기도 소리와 흔적이 빛으로 남아 있었다.

비아돌로로사

예루살렘은 구세주로 온 예수님을 알아보지 못하고 십자가에 못박은 암울한 도시다. 예루살렘을 향해 눈물 흘린 예수님의 애통함이 느껴지는 곳이었다. 통곡의 벽 옆에는 회교 사원 황금 돔이 있다. 구약시대에 성전을 세운 이 곳에 지금은 이슬람 사원이 세워졌으니 악한 영의 우두머리 루시퍼가 얼마나 흐뭇히겠는가? 영안이 열린 사람이 보면 이슬람 사원 주변에는 까만 어둠이 깃들어 있다.

예루살렘에 도착한 다음 날 새벽에 CNN 방송을 보니 뜻밖의 뉴스가 기다리고 있었다. 이스라엘 정부가 야신이라는 팔레스타인 지도자를 암살했다는 것이다. 이로 인해 예루살렘에는 긴장감이 감돌았다. 이날 팔레스타인 사람들은 가게 문을 닫고 데모를 하였다. 보통 비아돌로로사는 상점이 즐비하고 호객하는 아랍 상인들로 매우 번잡하며 시끄러운 곳이다. 많은 사람을 헤치면서 올라가야 하므로 십자가 지신 예수님을 조용히 묵상하기란 쉽지 않다.

그런데 이날은 아랍 사람들이 항의 표시로 가게 문을 닫아 비아돌로

로사는 한적한 거리로 변해 있었다. 순례객들이 안전을 이유로 일정을 취소하였으며, 현지인도 보이지 않아 평소와는 다른 조용한 분위기에서 우리 일행은 순례를 하였다. 이날 하나님께서 밝은 영감 속에 당시 모습을 보고 느낄 수 있는 은혜를 주셨다.

예수님께서 십자가를 지고 가면서 계속 하나님과 교통하는 모습이 느껴졌다. 예수님께서는 아버지와 교통하며 순간순간 고통을 이겨내고 십자가 고난의 길을 가신 것이다. 이 길을 갈 때 하늘에 계신 아버지께서도 동일하게 고통을 느끼셨다.

그때 군중 뒤에서 울며 따라오는 베드로가 희미하게 보였다. "내가 어찌하여 세 번이나 주님을 부인했는가?" 탄식하며 감히 예수님 가까이 따르지 못하고 먼발치에서 후회하며 죄송해 견딜 수 없는 모습이었다.

예수님을 세 번 부인한 베드로는 곧바로 밖에 나가 통곡하며 회개하였다. 이런 그가 십자가를 진 예수님을 따라간 것은 당연한 일이다. 그런데 이 장면이 성경에 기록되지 않은 것은 베드로가 민망하여 사람들의 눈을 피해 먼 곳에서 따라왔기에 제자들이 보지 못하였고, 기록하지 못한 것이다.

은혜를 잊지 않고 끝까지 함께한 여인들

동정녀 마리아는 망연자실하며 몸을 가누지 못한 채 예수님을 따랐다. 막달라 마리아는 애절한 마음으로 동정녀 마리아를 부축하면서 뒤따랐다. 바로 그 순간, 혈루병을 치료받은 여인이 담대하게 예수님 앞에 나가 땀방울을 씻어드리려고 했다. 로마 병사가 여인을 밀쳐 내지만 여인은 쏜살같이 사람들 틈을 뚫고 들어가 예수님이 흘린 땀을 닦아드렸다. 어디선지 채찍이 날아와 여인을 향해 사정없이 내리쳤고 여인은 땅바닥에 쓰러졌다.

병사들이 창으로 찌르고 방패로 떠밀며 사람들이 가까이 오지 못하도록 저지하였다. 자칫 잡혀 죽을 수 있는 상황이다. 하지만 예수님께 은혜를 받은 여인들은 두려워하지 않고, 통곡하며 십자가 처형 장소까지 따라갔다.

예수님 무덤을 가장 먼저 찾은 사람도 이 여인들이다. 골고다 언덕은 해발 800미터에 위치한 곳이다. 그 당시에는 오늘날처럼 도로가 없으며, 가파른 길이다. 안식 후 첫날 미명에 막달라 마리아와 동정녀 마리아는 골고다 언덕을 오르다가 돌부리에 걸려 발이 다치고 옷이 찢겼지만 개의치 않았다. 온전한 사랑이 두려움을 내쫓은 것이다(요일 4:18).

성령의 불은 독일 교회 위에

세계 선교를 이루기 위한 하나님의 인도는 독일로 이어졌다. 부흥을 멈추고 쇠퇴하는 독일과 유럽을 깨우기 위한 하나님의 섭리가 깃들어 있었다. 독일은 종교개혁의 발상지이지만 유럽 대부분 국가와 다름없이 텅 빈 교회가 많고 그나마 젊은이를 찾아보기 어렵다. 철학이 발달하고, 자유 신학이 범람하여 목회자들이 성경 중심 신앙이 아니라 세속과 타협하며 적당하게 신앙생활을 해도 별로 잘못이 없는 것처럼 가르쳐 온 결과이다.

영적으로 보면 오늘날 유럽의 많은 교회가 '살았다 하는 이름은 가졌으나 죽은 자와 같다'고 책망받은 사데 교회와 다름없다(계 3:1). 우리는 영적인 산 믿음을 가져야 구원받고, 응답받을 수 있다. 하나님 말씀을 지식으로만 알고 끝나는 육적 믿음을 가진 사람은 행함이 따르지 않기에 죽은 믿음이요, 구원을 받지 못하는 것은 당연한 일이다(약 2:26).

독일 교회를 보면 젊은이가 많이 떠나고 순수한 신앙을 잃은 지 오래되었기에 만일 성경의 기적이 일어난다고 전하면 의심의 눈길로 바라본다. 이러한 독일을 영적인 잠에서 깨우고자 2004년 10월 1일부터 3일까지 뒤셀도르프 인근에 있는 오버하우젠 실내 체육관에서 집회가 개최되었다.

독일 현지에서 집회를 준비하던 알렉산더 옙 목사를 비롯한 목회자들은 현재 독일 교계 집회는 세계적으로 유명한 목사를 초빙해도 2,3천 명 모이기 어렵다면서 이번 집회는 천 명쯤 모이면 성공이라 했다. 그러니 천오백 명 들어가는 장소를 준비하겠다는 의사를 밝혀 왔다.

우리 측에서 믿음으로 행군하는 것이 중요하다고 설득한 결과, 만 이천 석 규모의 오버하우젠 실내 체육관이 준비되었다. 성도들은 날마다 수천 명씩 철야기도회에 나와 독일 집회를 위해 부르짖어 기도하였다. 유럽 교회가 깨어나기를 금식하고 기도하며 선교 헌금으로 동참한 성도들의 정성에 하나님께서 감동하셨는지 폭발적인 성령의 역사로 힘께하셨다.

현지 목회자들의 예상과 달리 집회 첫날부터 실내 체육관이 가득 찼고, 청중은 설교를 진지하게 경청하였다. 설교를 들으면서 믿음을 갖게 된 사람들은 내가 환자를 위한 기도를 할 때 폭발적인 치료를 체험하였다. 첫날부터 휠체어를 타고 온 사람들이 일어나 걸었고, 안 들리는 귀가 들리고, 시력이 회복되어 안경을 벗는 등 많은 사람이 난치병과 불치병이 치료되었음을 확인하고 단 위에 올라와 기뻐하며 간증하였다. 독일 의료진이 치료받은 사람들의 간증 사례를 의학적으로 확인하며 증명하는 작업을 하였다.

오버하우젠 실내 체육관에서 개최된 독일 연합대성회

환자기도를 통해 치료받아 간증하는 사람들

스포츠 의학을 전공한 제프리 박사는 결핵성 뇌수막염을 앓은 후 당뇨가 생기고, 심부전증으로 혈압이 180까지 올라갔다. 병원에서는 더 이상 살기 어렵다는 진단을 내렸다. 그런데 첫날부터 이 집회에 참석한 제프리 박사는 셋째 날 환자 기도 시간에 성령의 불을 받고, 심부전증 증세가 사라졌다. 혈압도 정상으로 내려왔고, 다른 병도 현저히 호전된 것이다. 제프리 박사는 의학으로 도저히 치유가 불가능한 자신의 질병이 치료됨에 감사 서신과 함께 병원 검진 자료를 우리 교회로 보냈다.

거리에서 포스터를 보거나, 방송을 통해 집회가 열린다는 소식을 듣고 참석하였다가 치료를 체험한 사람도 많았다. 이 집회는 4개 위성을 통해 전 세계 76개국에 생방송되었는데 텔레비전을 시청하다가 치료되었다는 소식도 많이 접수되었다.

집회에 참석한 현지 목회자들은 자신의 교회 성도가, 가족과 친척이 치료된 것을 실제로 목격하면서 충격을 금치 못하였다. 폭발적인 성령의 역사를 목격하면서 오늘날에도 예수님 당시와 다름없이 하나님의 살아 계신 역사가 펼쳐짐을 믿게 되었고, 목회 방향을 새롭게 잡게 되었으며, 자신감을 얻었다고 고백했다.

잉카 제국의 후예 페루에서

페루는 찬란한 고대 문명의 꽃을 피운 잉카 제국의 숨결이 살아 있는 곳이다. 마추픽추는 쿠스코 시의 우르밤바 계곡에 있는 잉카 유적지로 안데스 산맥 해발 2280미터에 있다. 뾰족한 봉우리들로 둘러싸여 산 아래에서는 마추픽추가 보이지 않기 때문에 '공중 도시'라고 불린다.

15세기 잉카 제국에 의해 건설된 신전과 주거지와 궁전 등이 있는데 매끄럽게 다듬어진 돌들이 6미터를 넘고 두께도 1.5미터에 달한다. 돌 한 개의 무게가 몇 톤이 되는데 어떻게 운반했는지, 이 거대한 돌을 어떻게 두부 자르듯이 자르고 빈틈없이 짜맞추었는지 세계 불가사의의 하나로 손꼽힌다. 마추픽추는 '나이든 봉우리'라는 뜻으로 미국인 하이럼 빙엄에게 20세기 초에 발견되었다.

2004년 12월, 페루에 도착해 보니 하나님께서 페루를 택하고 성회를 열게 하신 섭리를 느낄 수 있었다. 페루는 잉카 제국의 후손이라는 자부심과 함께 오랜 식민지 생활을 겪으면서 많은 상처를 안고 있는 나라

였다. 이들은 심령이 가난하면서 순수하여 그 어느 곳에서보다 하나님
의 권능을 사모했다.

톨레도 대통령과의 환담

2004년 11월 30일, 페루 연합대성회를 앞두고 톨레도 대통령 초청으
로 대통령 궁을 방문하였다. 대통령의 첫인상은 국정 업무의 부담으로
인한 것인지 고뇌에 찬 모습이었다.

대통령과 이런 저런 화제로 환담했는데 그는 "생활에 쫓기다 보면 영
적인 면을 충족하는 것이 쉽지 않습니다. 저는 영적인 삶을 살면서 다른
사람을 영적으로 인도하는 분을 존경합니다. 제가 하늘의 지혜와 능력
을 받아 이 나라를 잘 다스리고 발전시킬 수 있도록, 또 페루 국민의 화

페루 톨레도 대통령 초청으로 대통령 궁에서 환담하고 있다

합을 위해 기도해 주십시오."라며 기도를 요청하였다. 나는 페루의 경제 발전과 안정된 국정 운영을 위해 두루 기도해 주었다.

잠깐의 만남이었지만 대통령은 기도를 통해 마음의 쉼을 얻었는지 거듭 감사의 표현을 했다. 그 후 페루의 일정을 다 마치고 출국할 때에도 공항에 나온 여당 총재를 통해 다시한 번 감사의 인사를 전해왔다.

끝이 보이지 않는 인파

12월 2일부터 4일까지 수도 리마에 있는 깜뽀데마르떼 공원에서 성회가 열렸다. 정계와 재계, 언론의 적극 지원 속에 펼쳐진 이 집회에는 3일 동안 연인원 50만 명 이상 운집하였다.

뜨겁고도 강한 성령의 역사는 참석한 사람들은 물론 텔레비전으로 시청하다가 치료받고 집회 장소에 온 사람도 있었다. 걷지 못하던 사람들이 휠체어와 지팡이를 버리고 걸었다. 암을 치료받고 시력을 회복하는 등 단 위에는 치료를 체험하고 간증하는 사람들로 초만원이었다. 기적을 체험한 사람들은 본인은 말할 것도 없고 가족과 이웃이 함께 기뻐하고 눈물 흘리며 좋아하는 모습을 곳곳에서 볼 수 있었다.

이 성회는 3개 텔레비전 방송을 통해 페루 전역에 생중계되었고, 20여 개의 공중파 방송과 위성 방송 및 인터넷을 통해 세계 각국에 생중계되었다.

단 위에는 정계, 재계, 언론과 교계 인사가 주로 앉았다. 막시모 산 로만 전 페루 부통령, 여당 총재인 로사 그라시엘라 부부, 국회의원을 비롯하여 세계 각국에서 온 목회자와 언론인의 모습이 보였다.

장소 한편에는 '간증 사례 접수 창구'가 마련되어 있었다. 20여 명의 현지 의사와 간호사가 치료된 사람을 접수하며 의학적으로 검진했다. 빅톨칼리오 예레나(산헤르난도 의과대 교수)는 "나는 원래 하나님을 믿지 않는 회의론자이다. 그런데 이번 성회를 통해 믿음을 갖게 되었고 환자 치료 사례를 통해 확실하게 하나님의 기적을 인정하게 되었다."라고 소감을 말했다.

사업가 비센테 이야기

이 집회에 사업가 비센테 성도가 참석했다. 그는 페루에서 영향력 있는 재력가이며, 자선사업가로 알려진 인물이다. 그는 페루 집회를 앞두고 집회를 준비하는 우리 교회 일꾼들을 만났는데 "이 사람을 도와주라"는 성령의 음성을 들었다. 비센테 씨는 우리 팀에게 여당 총재를 소개하여 집회가 성공적으로 열릴 수 있도록 도왔다.

그때 그는 법적 문제로 수배 중이었다. 동업자의 모함으로 판사가 비센테 씨에게 유죄를 선고하고 판결문을 작성한 것이다. 잡히면 3년간 감옥에 구속될 수밖에 없는 상황이었다. 그는 경찰을 피하기 위해 두문불출하였다. 집회를 준비하는 과정에서 우리 선교팀을 돕고자 외부에서 만난 적이 있지만 경찰이 그를 보지 못했다고 하였다.

11월 30일, 내가 페루에 도착한 날 호텔로 찾아왔다. 나는 그의 문제를 놓고 기도했다. 그 순간 그는 3일 동안 집회에 참석하겠다는 결심을 했다. 전능하신 하나님만 의지하겠다는 결단이었다.

다음 날, 하나님께서 서둘러 역사하셨다. 페루는 한국과 달리 별도의

페루 연합대성회

판사 모임이 있어 사건을 재조사할 수 있으며, 다른 판사가 시정할 수 있다. 그런데 비센테 씨의 서류를 다른 판사가 검토하였다. 검토 결과 이 서류는 잘못된 것이니 비센테 씨에게는 아무 문제가 없다는 서류를 작성하여 통보했다.

12월 2일, 판사가 보낸 서류를 받은 비센테 씨는 감개무량하였고 기도의 위력을 실감하였다. 그는 문제가 해결되었기에 집회에 자유롭게 참석했다. 행정 등 여러 방면에서 집회가 성공적으로 개최될 수 있도록 도움을 주었다.

성회가 끝난 뒤에도 치료를 체험한 사람들이 간증 소식을 계속 전해왔다. 기적을 체험한 사람이 많기에 집회에 참석한 교회마다 부흥한다

수많은 사람이 치유를 체험하고 간증하고 있다

는 소식이 들려왔다.

3일간 약 50만 명이 모인 집회가 성공적으로 끝났다. 그 여파는 민간 외교로 이어져 페루 정계와 재계, 언론인들의 한국 방문이 계속되었다.

2005년 5월 15일, 다비드 와이즈만 부통령과 막시모 산 로만 전 부통령이 우리 교회 주일예배에 참석하였다. 당시 와이즈만 부통령은 톨레도 대통령을 도와 페루를 재건하는 데 힘을 쏟고 있었고, 산 로만 전 부통령은 기업가로 사회사업에 힘쓰고 있었다.

그 다음 해에도 다비드 와이즈만 부통령 내외와 비센테 성도, 여당 총재가 우리 교회를 방문하였다. 이들은 만민의 사역을 보면서 감동하였고 협력자가 되었다. 페루 집회 후 이재호 목사가 라틴아메리카 선교사로 파송되었다. 리마에 교회가 창립되었고, 방송 사역과 손수건 집회로 활발한 사역을 하고 있다.

신 7대 불가사의에 선정되기까지

정구영 박사는 현재 MIS (만민국제신학교) 총장으로 문서 번역뿐 아니라 세계 각국 목회자들을 가르치며 깨우는 사역을 한다. 전 서울여대 총장인 정구영 박사는 당시 국내 최연소 총장으로 세간에 알려졌다. 2007년 5월, 중남미 지역 순회 장정에 오른 정구영 박사는 페루 쿠스코 시에서도 세미나가 예정되어 있었다.

그런데 쿠스코 지역 목회자들이 한국 선교사와 연계되어 거짓 자료를 돌리며 훼방하니 집회가 취소되는 상황에 이르렀다. 이때 하나님의 역사는 더욱 크게 나타났다.

쿠스코에 있는 산 안토니오 대학 총장이 소식을 듣고 정구영 박사를 초청하여 대학교에서 세미나를 열게 한 것이다. 그는 페루 성회에 참가한 적이 있어 만민 사역에 대해 알고 있었다.

마이애미에서 세미나를 한 후 쿠스코에 도착한 정구영 박사는 '영계의 법칙, 창조와 과학'이라는 주제로 말씀을 증거했다. 기자회견과 함께 이틀 동안 계속된 세미나는 CTC 텔레비전을 통해 방송되었고, 녹화된 비디오를 요청하는 사람이 쇄도할 정도로 반응이 컸다.

둘째 날 세미나가 끝난 후 산 안토니오 대학 총장은 정구영 박사에게 페루 정부가 인증하는 명예 교수직을 수여했다.

한편, 쿠스코 시에서는 마추픽추가 세계 신 7대 불가사의에 들어갈

정구영 박사에게 명예 교수직을 수여하는 산안토니오 대학 총장

수 있도록 총력을 다하고 있었다. 전 세계인이 인터넷과 전화로 투표하여 결정되는데 인터넷이 발달되지 않은 페루는 불리한 상황이었다. 쿠스코 시장은 정구영 박사의 쿠스코 방문을 계기로 우리 교회에 기도 요청을 했다.

두 번째 세미나가 쿠스코 시청에서 열렸는데 마침 우리 교회 금요철야 예배 시간이었다. 나는 예배 도중 약속된 시간에 맞춰 마추픽추가 신 7대 불가사의에 들어갈 수 있도록 기도했다. 쿠스코 시청 관계자들은 인터넷을 통해 기도를 받았다.

2007년 7월 7일, 신 7대 불가사의 재단에서 전 세계 1억여 명이 인터

세계 각국 목회자를 깨우는 MIS 세미나 (온두라스에서)

넷과 전화를 통해 참여한 투표 결과를 발표했다. 마추픽추가 이 안에 당당히 진입함으로 또 한 번 세계인의 관심을 끄는 계기가 되었다.

"만민중앙교회 성도의 기도와 후원으로 마추픽추가 신 7대 불가사의에 진입할 수 있었습니다. 감사합니다."

마리나 세께이로스 쿠스코 시장은 우리 교회에 감사 인사와 함께 감사패를 전해왔다.

가난과 질병, 내전의 격전지에서

콩고민주공화국은 아프리카에서 세 번째로 큰 나라이다. 많은 자원이 있는데도 내전과 풍토병, 빈곤으로 피폐해진 이 나라는 생명의 말씀과 권능이 절실히 필요한 곳이었다. 지난 수년 동안 콩고에서 집회를 해 달라는 무회자들의 요청이 변함없이 계속되었다.

그동안 방송과 인터넷, 문서 등을 통해 권능의 소식이 알려져 집회 요청이 쇄도하였지만 내가 임의로 결정한 적은 한 번도 없다. 오직 아버지 하나님께서 가라고 하신 곳에만 발걸음을 향할 뿐이다. 콩고에 대해 기도하였을 때 2007년에 집회를 열 것과 아프리카에서는 마지막 성회가 될 것을 알려 주셨다.

원수 마귀는 방해했지만

성회 개최를 앞두고 킨샤사 국영 방송을 통해 연일 성회가 홍보되었다. 원수 마귀는 콩고 성회가 장차 어떤 영향을 끼칠 것임을 알기에 두려워하며 훼방하였다. 콩고 기독교계는 둘로 나뉘어 있었다. 그중 복음주의 계열 교회 협의회에서 우리를 도와 집회를 준비했는데 또 하나의 단체와 사이가 좋지 않았다. 한국에서 우리를 비방하고자 보내온 거짓 자료에 영향받은 목회자들은 협조하지 않았다.

또 대통령을 보좌하는 사람들 중에는 주술사도 있었는데 이들은 기독교 집회를 싫어하였다. 한국에서 보내온 거짓 자료를 토대로 황당한 내용이 대통령에게 속속 보고되었다.

"한국의 이재록 목사가 이곳에 오는 것은 자기 세력을 확장하기 위함입니다."

"대통령에게 불리할 것이니 이 집회를 열지 못하게 해야 합니다."

이 나라는 4월 총선과 6월에 대통령 선거가 예정되어 있었다. 그런데 정보부를 비롯하여 주변에서 부정적인 보고를 자꾸 하니 대통령도 상당히 곤란한 입장이었다고 한다.

선을 좇아 나갔더니

내가 한국에서 출발하기 바로 전에, 마지막 날 집회는 다른 곳으로 옮겨 달라는 체육부 장관의 요청이 들어왔다. 일요일에 중요한 축구 경기가 있으니 토요일부터 준비해야 한다는 것이다.

우리 입장으로는 마지막 날 집회 장소를 바꾼다는 것이 어려운 일이었다. 하루 만에 거대한 단을 이동하고, 조명과 스크린, 음향 등 복잡한 시설을 다시 해야 하기 때문이다.

　3일 동안 순교자 스타디움에서 집회하기로 계약은 되어 있지만 하나님의 말씀은 달라고 하면 주는 것이 아닌가? 물론 상대가 달라고 한다고 무조건 주는 것이 옳은 것은 아니다. 선을 좇아 달라고 할 때 주는 것이 하나님께서 기뻐하시는 것이다. 나는 진행팀 스태프에게 양보할 것을 권면했다.

　"달라고 하면 주십시오. 만일 우리가 계약한 대로 하자고 고집한다면 큰 행사가 있음을 깜빡하고 우리와 계약한 당사자는 얼마나 곤욕을 치르겠습니까? 하나님께서 얼마든지 3일간 계속하게 할 수 있는데 장소를 이렇게 바꾸게 한 데에는 섭리가 있을 것입니다."

　그들의 요청대로 우리 측에서 양보해서 셋째 날 집회는 다른 장소에서

콩고 연합대성회

하기로 결정했다. 셋째 날은 '승리의 거리'에서 넓은 도로와 인접한 주변의 공터를 사용할 예정이었다. 그러나 그 거리를 사용하도록 허락받는 것은 현실적으로 어려운 일이었다.

지금까지 이 도로를 통제하고 행사를 한 적이 한 번 있는데 대통령을 위한 국가 공식 행사였다고 한다. 더욱이 집회 셋째 날은 콩고에 중요한 정치 행사가 있어 국회 의사당과 인접해 있는 도로를 통제하는 것은 불가능에 가까웠다.

극적으로 대통령을 만남으로

2006년 2월 15일, 콩고에 도착하고 나서 나의 방문을 왜 이 나라 고위층에서 난리법석일 정도로 관심을 갖는지 알게 되었다.

집회 마지막 날 새로운 헌법이 채택되어 공포되었는데. 헌법과 정부조직이 바뀌고 국기까지 바뀌는 등 큰 변화가 있었던 것이다. 또한 대통령 선거를 앞둔 미묘한 시점에 열리는 만큼 이 집회가 향후 그들에게 어떤 영향을 가져올지 민감할 수밖에 없었다.

2월 16일, 집회가 열리는 첫날, 조셉 카빌라 대통령 초청으로 대통령궁을 방문했다. 이 만남 자체를 방해한 세력도 있었지만 하나님께서 대통령의 마음을 주관하시니 극적으로 만남이 이루어졌다. 카빌라 대통령은 환담을 통해 자신이 보고받은 내용이 사실과 너무나 다른 것을 알았던 것이다.

내가 정치적인 목적으로 온 것이 아니라 콩고의 평화와 질병 치료를 위해 왔음을 이해했다. 그는 나에 대한 오해를 풀면서 호의적인 입장으

콩고민주공화국 조셉 카빌라 대통령과의 환담

로 바꾸었다.

"앞으로 있을 총선이 평화롭게 진행될 수 있도록 기도해 주십시오. 집회를 준비하면서 어려운 것이 있습니까? 협조해 드리겠습니다."

"집회 3일째에는 스타디움을 비워주고 야외에서 집회를 하려고 하는데 어려움이 있습니다."

동석한 성회 준비위원장 키엔자 목사가 답변하였다.

"다른 체육관을 알아보시지요."

"다른 체육관은 지금 수리 중이어서 안 됩니다. 국회 의사당 옆에 있는 도로에 차량을 통제할 수 있도록 허락해 주십시오."

대통령이 이 건의를 받아들였다. 우리가 대통령 궁을 떠난 뒤, 크고 작은 도로를 모두 통제하여 집회 장소로 사용할 수 있도록 서류에 사인했다. 대통령 권한으로만 가능한 일이었다.

첫날과 둘째 날에는 스타디움에 각각 10만 명이 운집했다. 대통령은 중요한 일정이 있어 집회에 참석하지 못했지만 대신 국모 역할을 하는 쌍둥이 누이인 자넷 카빌라 박사를 보냈다. 벰바 부통령 내외도 참석했고, 주변 나라에서도 소식을 듣고 달려온 사람이 많았다.

UN 평화대사로, 아프리카에 널리 알려진 대중가수 웨라손이 참석하여 특송으로 하나님께 영광 돌렸다. 집회 후 그는 가족을 데리고 나를 찾아와 기도 요청을 했다. 부인과의 사이에 두 딸만 두고 있는데 부인이 7년 동안 자녀를 낳지 못한다고 한다. 그래서 아들을 낳게 해 달라는 기도를 요청해서 기도해 주었다.

이 성회는 콩고 국영 방송과 민영방송뿐 아니라 10여 개의 위성으로 약 150개국에 실황이 중계되었다. 하나님께서는 빈곤과 질병으로 고통당하는 불쌍한 사람들을 폭발적 권능으로 치유하셨다. 불치병인 에이즈가 치료돼 간증하는 사람도 많았다. 단이 무너지지 않을까 염려될 정도로 많은 사람이 간증하고자 몰려들었다.

밀려든 인파로 끝이 보이지 않아

셋째 날에는 승리의 거리에 끝이 안 보일 정도로 많은 인파가 운집했는데 50만 명으로 추산되었다. 만일 장소를 바꾸지 않았다면 스타디움에서는 밀려드는 인파를 도저히 감당할 수 없었다. 너무나 많은 사람으로 빽빽하여 틈을 보기 어려울 정도였기에 자칫 사고가 날 수 있는 위험한 상황이었다. 하나님께서 이 모든 것을 예지하고 더 넓은 장소로 인도한 것이다.

소경, 벙어리, 목발과 휠체어에 의지한 사람, 암, 에이즈 등 각종 질병과 연약함으로 고통받는 사람들이 빠른 속도로 치료를 체험했다. 성령의 불같은 역사로 일시에 치유 역사를 베푼 것이다.

콩고 말꾸로 지역 어촌에 사는 마수리 니송기 보송고라는 할아버지 성도가 있었다. 64세인 그는 고기를 잡아 근근이 생활하는데 백내장으로 눈이 흐릿하여 안경을 썼다. 그에게는 라디오 듣는 것이 유일한 즐거움이다. 라디오를 통해 집회 소식을 들었지만 차비를 마련할 수 없었다.

자신의 전부인 두 렙돈을 드린 과부처럼 그는 유일한 통신기인 라디오를 9달러에 팔아 집회에 참석했다. 하나님께서 이 믿음의 행함을 기뻐 받으시고 치료해 주셨다. 그는 환자 기도 시간에 뜨거운 불이 목 뒤에서부터 머리를 타고 눈으로 전해졌다고 간증했다. 시력이 좋아져 안경을 벗었고 불편함 없이 생활한다고 하였다.

위성으로 아프리카는 물론 전 세계에 방송된 콩고성회

콩고에는 김석환 목사가 선교사로 파송되었는데 교회를 개척한 지 1년이 안 되어 주일에 천여 명이 넘는 성도가 예배드리고 있다. 전직 장관인 폴 무사피리 총회장이 성회에 참석하여 은혜를 받고, 우리 교회를 방문하였다. 폴 무사피리 목사는 우리의 협력자가 되었으며, 콩고에서 활발하게 활동하고 있다. 그가 보낸 편지를 소개한다.

그리운 마음을 담아 콩고민주공화국에서 문안 인사드립니다. 저희는 이재록 박사님과 함께하는 하나님을 믿으며 박사님께서 기도해 주신 나라이기에 놀라운 하나님의 역사가 나타남을 고백합니다.

지난 2008년 1월, 동부 지역의 계속되던 전쟁 속에서 평화협정이 맺어졌습니다. 저는 콩고민주공화국 고마에 협정을 위해 급파되어 1개월 동안 지냈습니다. 또한 아프리카 총회장 정명호 목사님의 세미나에 참석하여 큰 은혜를 받았습니다. 이번 평화협정 후에도 이를 반대하는 세력은 국가의 최고 머리로부터 콩고의 동부와 서부에 이르기까지 전쟁과 좋지 않은 소문으로 우리를 어지럽게 하려고 하지만 이재록 박사님의 기도는 콩고민주공화국과 함께하심을 믿습니다.

특별히 서신을 드린 이유는 더욱 힘 있는 기도를 부탁하기 위함입니다. 조셉 카빌라 대통령과 위정자들, 대통령 주변의 모든 사람을 위해서 사랑의 기도를 부탁드립니다. 저의 동역자인 김석환 목사님도 잘 지내고 있습니다. 만민의 꿈과 비전을 나누며 가족이나 친동생 이상으로 사랑의 교제를 나눕니다.

그는 외국인 선교사로서 때로는 경찰의 괴롭힘을 당했고, 많은 어려움을 겪었지만 늘 주님의 이름으로 승리하였습니다. 좋은 성전 부지를 구했고, 좋은 성도들과 함께 간증이 넘칩니다. 만민의 가족에게도 문안드립니다.

—예수 그리스도 안에서 신실한 아들 폴 무사피리 총회장 올림

첫 방송 시간 상공에 나타난 십자가

우리 교회를 개척할 때 하나님께서 "일어나라 빛을 발하라 이는 네 빛이 이르렀고 여호와의 영광이 네 위에 임하였음이니라"(사 60:1)는 비전을 주셨다. 그 후 불같은 성령의 역사는 거침없이 세계를 향해 뻗어 나갔다.

하나님께서는 온 세계 만민에게 구원의 빛을 비추기 위한 섭리 속에 GCN(Global Christian Network, 세계기독방송네트워크)을 구축하게 하셨다. 오중복음으로 세계 선교를 이루기 위한 방송 사역이 미국 뉴욕을 중심으로 시작되었다. GCN을 통해 세계 여러 나라의 방송인이 하나님께서 주신 비전을 가지고 방송 사역을 하고 있다.

뉴욕을 중심으로 시작된 GCN 방송 사역

2004년 5월, 미국, 영국, 러시아, 호주 등 8개국 기독방송인이 한국

엠파이어스테이트 빌딩 상공에 나타난 십자가

에 모여 GCN을 결성했다. 물론 당시 방송에 관한 전문 인력이 있는 것도 아니고, 재정이 뒷받침되는 것도 아니었다. 오직 기도하며 믿음으로 투자하는 것이 필요했다. 이런 저런 준비 과정을 거치면서 드디어 2005년 9월 1일, 뉴욕 공중파 채널 17번을 통해 첫 시험 방송 송출이 시작되었다.

GCN 송출실은 맨해튼 중심부 엠파이어스테이트 빌딩에 있다. 이날 GCN 개국을 축하하며 첫 시험 방송 순간을 지켜보기 위해 세계 여러 나라에서 온 20여 명의 방송과 언론 관계자가 모였다.

이들은 잠시 엠파이어스테이트 빌딩 전망대에 올라 어둠에 짙게 물든 야경을 바라보았다. 그때 누군가 하늘에 커다란 십자가 형상이 뚜렷하게 나타나 선명하게 빛나고 있음을 발견하였다.

그 자리에 있던 사람들은 GCN 방송을 하나님께서 기뻐하시고 표적으로 나타내 주었다고 확신했다. 이 광경을 본 미국 ANS 통신사 대표 댄 우딩 기자는 인터넷 사이트에 자신이 찍은 십자가 사진과 함께 기사를 올렸다.

GCN은 만민 TV와 협력하여 24시간 기독교 프로그램을 송출하는데 짧은 시간 안에 세계를 커버하는 글로벌 방송으로 발전하고 있다. 다양한 방송 프로그램을 제작하여 공급하므로 하나님을 만나고 문제가 해결되며, 생명을 살릴 수 있는 사역에 중점을 둔다.

GCN을 통해 나타난 치료 사례들

GCN 방송을 시청하다가 치료받고 변화된 삶을 산다는 감사 편지가 국내뿐 아니라 해외에서도 많이 온다. 시간과 공간을 초월한 하나님 역사는 방송을 통해서도 나타나 전 세계 수많은 영혼을 구원의 길로 이끌고 있다.

뉴욕에서 GCN을 시청하는 엘리자베스 구달입니다. 저는 하나님께서 이재록 목사님을 통해 병든 사람들을 치료하고 많은 사람을 회개케 하여 천국으로 이끌고 있음을 믿습니다. 아래와 같은 간증이 있어 서신을 보냅니다.

저는 2005년부터 복부와 발이 심하게 부어올라 고생했고, 혀 아래쪽에 혹이 자랐습니다. 그래서 전에 보내 주신 손수건을 얼굴과 복부에 올려 놓았습니다.

다음 날 아침, 저는 혀 아래쪽에 있던 혹이 사라진 것을 발견했습니다. 그리고 부어 있던 복부와 발의 부기가 사라진 것을 확인할 수 있었습니다. 하나님께서 행하신 일에 감사드렸습니다. 다시 한 번 감사드립니다.

– 2007년 11월 9일 뉴욕에서 엘리자베스 구달 드림

저는 이재록 목사님의 설교를 텔레비전에서 시청한 적이 있습니다. 혹시 이재록 목사님께서 캐나다에 방문할 계획이 있는지 알고 싶습니다. 저는 캐나다 오타와에 사는데 뉴욕에 사는 저의 남편을 방문했습니다. 그런데 지난 밤에 GCN을 보다가 이재록 목사님께서 환자를 위해 기도해 주실 때 치료를 받았습니다.

저는 간호사이며 2006년에 환자를 돕다가 어깨를 다쳤습니다. 통증으로 오랫동안 시달렸지만 방송을 통해 나오는 이재록 목사님의 기도를 받은 후 통증이 깨끗이 사라졌습니다. 지금은 제 팔을 높이 들고 어깨를 굽힐 수도 있습니다. 하나님을 찬양합니다.

– 2007년 11월 29일 캐나다 오타와에서 마리 드림

글로벌 의사들의 모임 WCDN

하나님 권능으로 치유된 사례를 의학으로 규명하기 위한 모임이 생겨났다. 2004년 5월, 세계기독의사네트워크(World Christian Doctors Network)가 설립되어 1회 콘퍼런스는 서울에서, 2005년 5월에는 인도 첸나이에서 콘퍼런스가 열려 500여 명의 의료진이 모인 가운데 하나님

GCN 조인식

GCN 개국예배

필리핀 세부에서 열린 제3회 국제 기독의학 콘퍼런스

능력으로 치유된 사례를 발표했다. 2006년에 필리핀 세부에서, 2007
년에는 미국 마이애미에서 의사들이 모여 하나님 능력으로 치유된 사
례를 연구 발표했다. 마이애미 콘퍼런스가 끝난 후 국내 언론에 소개된
기사를 일부 소개한다.

2007년 7월 13일과 14일에 WCDN 주최로 '제4회 국제 기독의학 콘퍼
런스'가 미국 플로리다 주 마이애미에서 개최되었다. 40개국 의사들이
모여 '영성과 의학'이라는 주제로 하이야트 호텔에서 열린 콘퍼런스는
WCDN 이사장 이재록 목사의 화상 인사말로 시작되었는데 "생명을 살
리는 의사로서뿐 아니라 영적인 생명을 살리는 사도의 삶을 살 수 있기
를" 당부하는 메시지가 선포되었다.

미국 마이애미에서 열린 제4회 국제 기독의학 콘퍼런스

미국 WCDN 대표 알만도 피네다 박사의 인사말에 이어 사례 발표가 시작되었다. 참석한 의사들이 다발성 골수종, 척추결핵 하지마비, 유방암, 결장암, 폐결핵 등 하나님의 능력으로 치료된 실제 사례들을 병원 자료와 함께 발표하였다.

로버트 E. 뉴섬 판사(미국 텍사스 주)는 자신의 간증을 통해 하나님께 영광 돌렸다. 미국 유명한 암전문 병원에서 정밀 검사 결과 '악성 흑색종' 진단을 받았다. 악성 흑색종은 사망률이 매우 높은 암이지만 뉴섬 판사는 하나님께 맡기고 방사선 치료를 받지 않았다. 그는 하나님께 치료받기 위해 간절히 기도하였으며 출석하던 남부 침례교회 성도들이 그를 위해 기도해 주었다. 두 달 후 재검 결과 기적이 일어났다. 악성 흑색종이 깨끗하게 사라진 것이다. 뉴섬 판사의 담당 주치의인 마크 밀러 박사는 이번 콘퍼런스에서 이 사실을 병원 진단 자료와 함께 발표하였다.

또한 촌시 크랜들 박사(미국 팜비취 심혈관 병원 원장)는 53세의 심한 심근경색 환자에게 40분 넘게 심폐소생술을 실시했지만 소생되지 않아 모든 치료 조치를 끝내고 사망 선고를 하였다. 순간 크랜들 박사는 "시체에게 기도하라."는 성령의 음성을 듣고 환자의 옆에 앉아 "이 환자를 주님의 이름으로 살려주세요." 하며 눈물을 흘리면서 기도하였다.

몇 분 후 환자의 심장이 박동하고 손가락이 움직이기 시작하였으며 완전히 살아난 체험을 스크린을 통해 의학 자료와 함께 발표하였다. 그 시간에는 병원에서 이 환자의 자녀가 간절히 기도했다고 한다.

전 경희대 학장이며 미국 외과 전문의인 전정열 박사는 2007년 5월, 만민중앙교회 금요철야예배에 참석하여 치유된 천천만 목사(대만 목회자)의 간증을 병원 자료와 함께 발표하였다. 천천만 목사는 두 살 때 소아마비를 앓았으며 14년 전 교통사고로 지팡이와 휠체어가 있어야 움직일 수 있는 장애인이었다. 2007년 5월, 휠체어를 타고 방문한 천천만 목사는 이재록 목사의 기도를 받고 다리에 힘이 생기면서 치료됐다.

WCDN은 죄기 가득 치고 과학이 발달되어 하나님을 믿기 어려운 이 마지막 때에 하나님 권능으로 치유된 사례를 의학적으로 규명하여 성경이 사실이며 하나님이 살아 계심을 입증하는 선교 사역을 하고 있다. 2008년에는 노르웨이에서 콘퍼런스가 준비되는데 해를 거듭할수록 다양한 사례 발표와 함께 네트워크를 통한 조직으로 활발하게 활동하고 있다.

미국의 심장부에 임한 성령의 불

　뉴욕에 GCN 방송의 포문을 열게 한 하나님께서는 성회를 열도록 인도하셨다. 뉴욕 명소로 손꼽히는 메디슨 스퀘어가든은 세계 정상급 예술가라면 한 번쯤 서보고 싶어하는 무대이다.

　미국을 깨우고 이스라엘 선교로 잇기 위한 섭리 속에 2006년 7월, 메디슨 스퀘어가든에서 뉴욕 연합대성회가 열렸다. 우리나라도 유명 가수가 세종문화회관을 대관하여 공연하기란 하늘의 별 따기처럼 어렵다고 토로한다. 1,2년 전에 이미 스케줄이 차 있기 때문이다.

　뉴욕에서 집회를 하려면 장소 선택이 관건이었다. 집회를 앞두고 몇 개월 만에 이름있는 장소를 구하는 것은 어려운 일이었다. 장소 물색을 하던 중 메디슨 스퀘어가든에서는 이미 스케줄이 꽉 차 있었는데 갑자기 어느 팀이 행사를 취소했다. 이 기간에 우리가 절차를 밟아 심사에 통과하여 사용할 수 있었으니 순전히 하나님 은혜였다.

　미국은 청교도들이 순수한 신앙을 바탕으로 건국한 나라이다. 그동안 기독교 종주국으로 전 세계에 선교사를 파송하며 복음을 전했지만 지금은 진화론을 가르치며 동성연애를 합법화할 정도로 하나님을 멀리하는 나라다.

메디슨 스퀘어가든에 모인 사람들은 3일 동안 전한 말씀을 진지하게 경청하였고, 불같은 성령의 역사를 체험했다. 악한 영에 시달리던 사람에게서 귀신이 나가고, 불치병과 난치병을 치유받은 사람들이 뜨거운 열기 속에서 간증했다.

메디슨 스퀘어가든에 나타난 치료의 역사들

마리아 안드레아 모랑은 에이즈를 치료받았다. 그는 고열과 두통, 구토로 병원에 입원하기를 반복했다. 몸이 마비되어 걸을 수 없고 손만 겨우 움직일 수 있었다. 집회에 참석하여 성령의 불을 받은 후 이 모든 증상이 싹 사라졌다. 집회가 끝나고 한 달 후 취재진이 찾아가 보니 자유롭게 걸어다니며 정상인의 삶을 되찾은 모습을 볼 수 있었다.

아노 성도는 척추암이 치료됐다. 여섯 군데나 골절이 있는데 뼈가 녹는 듯한 고통을 받았다고 한다. 오랫동안 앉을 수 없고, 몸을 구부릴 수 없었다. 집회에 참석하여 온전히 치료받으니 다리 저림과 신경장애가 사라지고, 자유롭게 걸어다니게 된 것이다. 의사는 그가 걸어다니는 것은 상상할 수 없는 일이라 했는데 하나님 능력으로 그를 온전케 치료하신 것이다.

미하일은 12년 동안 고통받던 정신분열증이 치료됐다. 악한 영에 사로잡힌 그는 늘 우울했고, 대인공포증으로 외출하기 어려웠다. 머리가

뉴욕 연합 대성회(메디슨 스퀘어가든)

터질 듯해 정상적인 생활이 어려웠다. 약물 복용으로 말을 하기 어려웠지만 약을 줄이면 발작이 나타났다. 집회에 참석하여 깨끗이 치료받은 그는 이제 학업을 계속할 수 있으며 새로운 삶을 찾았다고 기뻐하였다.

치료된 사람들은 WCDN 의사들이 현장에서 일일이 검진하여 의학적으로 확인했다. 의사 비딸리 피쉬버그 박사는 "이 집회는 내 인생을 바꾸어 놓았다. 3일 동안 전한 말씀은 모든 문제를 풀 수 있는 열쇠였다. 그동안 유명한 강사의 집회를 많이 참석해 보았지만 단에서 한 번 기도로 이렇게 한꺼번에 수많은 사람이 치료받는 광경은 처음 보았다."고 하였다.

집회 3일 동안 상원과 하원, 뉴욕 시에서 인증된 감사패를 받았는데 복음을 전해 준 나라에 와서 다시 복음을 전할 수 있게 하신 하나님 은혜에 감사드릴 뿐이다.

이곳에도 앞장서서 우리 집회가 열리지 못하게 방해하는 목회자들이 있었다. 거짓 자료를 각 교회에 유포하고 언론을 동원하여 사람들이 집회에 가지 못하도록 흑색선전에 앞장섰다. 그중에서 뉴욕 K교회 L목사는 앞장서서 반대한 목회자 중의 한 사람이었다. 그런데 그가 다른 불미스런 일로 교회에서 사임하였고, 그 일대에서 앞으로 목회를 하지 못하게 되었다는 소식을 듣고 안타까웠다.

성령의 역사를 훼방하는 결과를 가져왔을 때 이 땅에서도 심은 대로 거두지만 영원한 나라의 심판이 더욱 두려운 일이 아닌가?

그동안 세계 곳곳에서 집회를 인도할 때마다 한국 선교사들이 언론을 동원하고, 유언비어와 거짓 자료를 유포하여 흑색선전으로 방해했다.

그러나 진실은 밝혀지는 법이기에 그럴 때마다 집회 소식은 널리 알려지고 성공적인 결과를 가져왔다. 그동안 우리 집회를 도운 각국의 목회자들을 보면 크게 축복받아 교회가 성장했을 뿐 아니라 입지가 굳건해지고 위상이 높아진 것을 볼 수 있었다.

이스라엘 선교가 시작되고

2000년 이후 열두 번의 대형 집회를 통해 복음을 전하게 하신 하나님께서는 2006년 7월, 미국을 끝으로 일단락 되게 하셨다. 지금도 세계 곳곳에서 집회 요청이 쇄도하지만 응할 수 없는 것이 안타깝다. 이스라엘 선교를 해야 하기 때문이다.

"이 천국 복음이 모든 민족에게 증거되기 위하여 온 세상에 전파되리니 그제야 끝이 오리라 그러므로 너희가 선지자 다니엘의 말한 바 멸망의 가증한 것이 거룩한 곳에 선 것을 보거든 읽는 자는 깨달을진저 그때에 유대에 있는 자들은 산으로 도망할지어다" (마 24:14-16)

개척 당시 앞으로 주님 오실 때가 가까워지면 대성전이 건축될 것과 북한과 이스라엘 선교가 진행될 것을 말씀하셨다. 땅 끝까지 복음이 전해질 때 주님이 오신다. 북한이 잠시 개방할 때가 올 것도 알려 주셨는데 현재 세계 정세를 볼 때 미국의 압력으로 북한이 개방할 날이 가까웠음을 실감한다.

2007년 7월, 이스라엘 선교가 시작되었다. 유대인에게 복음을 전하

통곡의 벽에서 이스라엘 선교를 위해 기도하던 미하일 모글리스 박사(미국 영적외교
운동재단 회장)가 랍비와 대화하고 있다

려면 권능이 필요하다. 원래 복음은 이스라엘에서 나왔지만 복음을 잃고 말았다. 하나님께서는 아브라함, 다윗을 비롯한 하나님의 사람들에게 선민 이스라엘을 버리지 않겠다고 약속하셨다. 하나님 약속은 성취되어야 하는데 누가 이스라엘에 복음을 전할 것인가? 예수님께서는 인간의 한계를 뛰어넘은 권능을 행하며 복음을 전했지만 그들은 믿지 않았다. 아무리 복음을 전한다 해도 권능이 나타나지 않으면 그들이 참된 복음으로 믿기 어려운 것이다.

"권능으로 그들을 깨워라. 예수 그리스도의 이름으로 복음을 전하면서 눈먼 사람이 눈을 뜨고, 벙어리가 말하며, 귀머거리가 듣는 역사가 나타날 때 선한 사람은 네 말을 믿고 받아들일 것이다. 그러나 모든 사람이 그런 것은 아니다."

지금도 구세주를 기다리며 하나님을 간절히 찾는 유대인들, 그 중에서도 하나님께서 예비해 놓으신 사람은 복음을 듣고 권능을 보면서 마음을 열고 회개할 것이라 하셨다.

성경에는 주님의 공중 강림과 휴거가 기록되어 있다(살전 4:16-17). 구름 속으로 이끌려 공중에서 주를 영접하는데 여기서 공중이란 우리 눈에 보이는 하늘이 아니라 영의 세계이다. 하나님께서는 영의 세계를 여러 개의 공간으로 나누셨다.

그중에서 둘째 하늘은 에덴동산이 있는 빛의 영역과 악한 영들이 머무는 어둠의 영역으로 구분된다. 에덴의 한 편에 7년 혼인잔치를 위한 장소가 예비되어 있는데 신랑 되신 주님께서 인간 경작을 마치는 정점에 우리를 부르면 순간에 올라가게 된다.

마치 거대한 자석이 쇠붙이를 끌어당기듯 알곡 성도들은 신령한 몸으로 바뀌어 순식간에 공중에서 주님을 영접하는 것이다. 7년 혼인잔치를 즐기는 동안 이 땅에서는 7년 대환난이 진행된다.

휴거 후 7년 대환난이

이스라엘 민족은 하나님의 선택받은 민족으로 이 세상 끝나는 날까지 섭리 안에 있다. 성경을 보면 죄가 가득 찰 때마다 소돔과 고모라에 불로, 노아 시대에는 홍수로 심판이 임했다. 이처럼 전 세계가 죄로 꽉 차 더 이상 용서받기 어려운 상태가 되었을 때 마지막 심판이 임한다. 하나님을 잘 믿은 사람은 공중으로 들림받는 휴거가 일어나고 이 땅은 전쟁과 자연 재앙이 합쳐진 7년 대환난으로 치닫는다. 바로 3차 세계대전 서막이 열리고 성경에서 말하는 '끝'이 되는 것이다.

제자들이 예수님께 주의 임하심과 세상 끝에 일어날 징조에 대해 여쭙자 "난리와 난리 소문을 듣겠으나 너희는 삼가 두려워 말라 이런 일이 있어야 하되 끝은 아직 아니니라"(마 24:6)고 말씀했다.

여기서 난리는 어느 지역에 국한되지 않고, 전 세계에 영향을 주는 것으로 난리와 난리는 1차 세계대전과 2차 세계대전을 의미한다. 이런 일이 있어도 아직 끝이 아닌데 끝은 앞으로 일어날 3차 세계대전이기 때문이다.

요한계시록 6장에는 주님의 공중 강림과 함께 휴거된 후 이 땅에서 일어날 7년 대환난에 대해 기록되어 있다. 7년 대환난 속에 있는 이 땅은 점점 3차 세계대전이 일어날 상황으로 치닫는다.

"내가 이에 보니 흰 말이 있는데 그 탄 자가 활을 가졌고 면류관을 받고 나가서 이기고 또 이기려고 하더라"(계 6:2)

여기서 흰 말은 이스라엘 민족을, 그 말을 탄 자는 그들의 운명을 좌우하는 수장 급을 의미한다. 말은 권세와 위엄과 함께 전쟁을 나타낸다. 이스라엘 민족에게는 하나님으로부터 선택받았다는 선민사상이 뿌리 깊게 자리잡고 있다. 선민사상이 교만과 아집이 되어 주변 나라와 전쟁을 계속하기에 중동 일대에는 늘 긴장이 감돈다. 이스라엘은 나라를 세운 후 아랍 국가들이 여러 차례 전쟁을 걸어 왔지만 '이기고 또 이기려고 하더라'는 말씀처럼 계속 승리했다.

그런데 완전히 이긴 것은 아니다. 아직도 싸움이 진행 중이라는 뜻이다. 앞으로 있을 3차 세계대전이 남아 있기 때문이다. 1,2차 세계 대전과 마찬가지로 3차 대전도 이스라엘과 밀접한 연관이 있다.

제3차 세계대전

"둘째 인을 떼실 때에 내가 들으니 둘째 생물이 말하되 오라 하더니 이에 붉은 다른 말이 나오더라 그 탄 자가 허락을 받아 땅에서 화평을 제하여 버리며 서로 죽이게 하고 또 큰 칼을 받았더라"(계 6:3-4)

여기서 붉은 말은 러시아를 의미하고, 피를 많이 흘린 상황을 암시한다. 1991년 소련이 붕괴되고 쇠퇴하는 것처럼 보이더니 러시아가 다시 강대국으로 등장했다. 앞으로 러시아는 중국과 동맹을 맺어 강한 세력으로 성장하게 된다.러시아가 강해지면서 주변 나라에 영향력을 행사하니 이것이 분쟁의 씨가 된다. 7년 대환난 때에는 이런 불씨가 터지면서 민족 간의 전쟁이 일어난다. 이 전쟁이 쉽게 끝나지 않고 더 큰 전쟁으로 확산되기에 큰 칼을 받았다고 표현한 것이다.

러시아가 주변 나라와 민족 간의 전쟁을 치르고 이스라엘과 중동 전쟁에 개입하면서 에스겔 38장에 기록된 대로 3차 세계대전으로 발전하게 된다.

감람유와 포도주의 영적 의미

요한계시록 6장 6절에 "감람유와 포도주는 해치 말라"는 것은 감람유는 이스라엘 민족이며 포도주는 주님을 믿었지만 올바른 신앙생활을 하지 못해 7년 대환난 때 이 땅에 떨어진 사람을 말한다.

감람유는 이스라엘 백성 중에서 뒤늦게나마 구원받을 수 있는 사람이다. 이스라엘 민족이 휴거 후 돌아가는 정황을 보고 예수님이 진정 메시아임을 깨닫고 그중에 회개할 사람이 있음을 뜻한다.

포도주는 포도 열매를 딴 후 흘러내리는 즙처럼 땅에 떨어진 영혼을 의미한다. 교회를 다니고 신앙생활을 했는데 행함이 없는 죽은 믿음을 가졌기 때문이다. 참 믿음으로 인정받지 못한 사람은 주님 오실 때 휴거될 수 없다. 그러나 막상 이 땅에 남겨질 때 얼마나 놀라겠는가? 그들 중에는 짐승의 표 666을 받지 않고 어찌하든 순교를 통해서라도 이삭 줍기 구원을 받으려 한다.

하나님께서는 이들이 셋째 인을 뗄 때(계 6:5)까지 지키다가 장차 때가 되면 순교를 통해 구원받도록 기회를 주신다. 그래서 그때가 이르기까지는 감람유와 포도주를 해치 말라고 한 것이다. 그렇다고 모두 재앙에서 구원받는다는 의미는 아니다. 장차 극심한 핍박이 있고 본격적인 순교가 시작되기 전까지 모든 상황을 덜어 준다는 뜻이다.

유럽 연합을 의미하는 청황색 말

요한계시록 6장 8절을 보면 3차 세계대전 시 강력한 주도권을 가질 유럽 연합에 대해 기록되어 있다.

"내가 보매 청황색 말이 나오는데 그 탄 자의 이름은 사망이니 음부가 그 뒤를 따르더라 저희가 땅 사분 일의 권세를 얻어 검과 흉년과 사망과 땅의 짐승으로써 죽이더라"

여기서 청황색 말은 장차 유럽 연합을 통해 이루어질 일을 의미한다. 청황색 말을 탄 자의 이름은 사망이니 음부가 그 뒤를 따른다는 것은 어둠의 주관자인 적그리스도를 말한다. 앞으로 세계사 흐름은 삼파전 양상을 띠게 된다. 미국은 최강대국으로 전쟁을 일으키고, 세계무대에서 자국의 이익을 좇는 결정을 관철해 나간다.

이러한 미국을 견제하며 경쟁하는 세력이 생겨나는데 바로 중국과 유럽 연합(EU)이다. 첫째 세력은 강대국의 전성기를 누리지만 점점 힘을 잃는 미국이다. 둘째 세력은 중국과 러시아를 비롯한 옛 공산권 국가이고, 셋째 세력은 유럽 연합이다. 중동 국가도 석유를 무기화해서 권세를 잡고지 하지만 세 개의 세력만 못하다.

전 세계는 휴거 후 극도의 혼란에 빠진다. 주변에 많은 기독교인이 일시에 사라졌기 때문이다. 기독교인이 아니어도 휴거에 대해 알고 있으므로 "그들 말이 사실이구나. 우리는 큰일이구나." 하며 두려움으로 민심이 흉흉하고 자연재해, 질병, 극심한 인플레이션 등으로 전 세계가 불안한 상태가 된다.

그 가운데 각 세력은 저마다 입지를 다지기 위해 노력하는데 특히 유럽 연합은 가장 큰 세력으로 부상하며 적그리스도의 조종을 받는다. 사람들에게는 혼란이 클수록 강력한 지도력을 바라는 심리가 있어서 유럽 연합은 쉽게 힘을 얻는다. 7년 대환난 초기에는 체계적인 시스템과 부를 바탕으로 군사력도 갈수록 커진다.

그리하여 유럽 국가만 뭉치는 것이 아니라 세계 각 지역을 자신의 체제 안으로 편성한다. 그들이 겉으로는 "우리 체제를 따르면 모든 것이 안정되고 이익을 누릴 수 있다."고 주장하지만 이런 감언이설에 따르지 않는 나라와 민족을 공략하여 피폐하게 만든다. 식량이나 생필품 매매도 철저한 감시와 통제 속에 두는 것이다.

땅의 짐승인 컴퓨터

그렇다면 이들이 땅의 사분의 일이나 되는 권세를 갖고 검과 흉년과 사망과 땅의 짐승으로 죽인다는 것은 어떤 의미인가? 검은 군사적인 힘을 말하며, 흉년이란 곳곳에 기근으로 힘들고 인플레이션이 심하지만 유럽 연합이 오히려 기회를 잡아 착취하여 막대한 부를 축적하는 것을 의미한다.

사망과 땅의 짐승으로 죽인다는 것은 그들의 체제 안에 들어오지 않는 사람들을 제재하고 죽음에 이르기까지 압력을 가하는 것이다. 땅의 짐승은 컴퓨터를 의미한다. 유럽 연합은 컴퓨터를 이용하여 자신의 체제를 구축하는데 모든 사람의 정보를 수집하여 감시하고 통제하게 된다.

그들은 사람을 통제하기 위해 오른손이나 이마에 짐승의 표, 즉 바코드를 받게 한다. 짐승의 표란 앞으로 적그리스도 세력이 권세를 잡을 때 사람을 통제하는 수단이다. 바코드에 각 사람의 개인 정보를 담아

손과 이마에 바코드를 인쳐 줌으로 그가 어디를 가고 무엇을 하는지 감시한다(계 13:16-18).

처음에는 적극 권장하는 정도지만 7년 대환난 중반에 들어가면 모든 사람에게 표를 받도록 강요하며 거부하는 사람은 사회 안정을 반대하는 불순분자로 낙인찍힌다. 이때부터 표를 받지 않는 사람의 순교가 본격적으로 시작된다. 7년 대환난 때 짐승의 표를 받는다는 것은 적그리스도의 세력에 동조하고 짐승과 그 우상에게 경배하는 결과가 된다. 이 표는 주님을 부인하는 것과 같다.

믿음을 지키는 사람은 짐승의 표를 받지 않으려고 하지만 적그리스도는 용납하지 않는다. 집요하게 추적하여 찾아내 온갖 고문과 위협으로 표를 받게 한다. 이런 잔인하고 무자비한 고문을 이겨내고 순교할 때라야 이삭줍기 구원을 받게 된다.

추수 때 농부가 알곡을 창고에 들인 후 혹시 떨어진 이삭이 없는지 살피는 것처럼 하나님께서 인간 경자 기간이 끝났지만 다시 한 번 기회를 주신 것이다. 이때에는 구원받을 믿음이 있다고 증명하기가 쉽지 않다. 끔찍한 고문과 굶주림, 위협을 이겨야 하기 때문이다. 성경의 예언이 명백히 이루어진 상황에서 믿음을 인정받으려면 그만큼 큰 관문을 통과해야 한다.

원수 마귀는 적그리스도를 주관하여 한 사람이라도 더 지옥으로 이끌려고 하기 때문에 사람으로서는 견디기 어려운 고문으로 고통 속에 집어넣어 주님을 부인하게 한다. 부인하지 않는 사람에게는 그 앞에서 가족을 고문하는 등 표현할 수 없는 잔혹한 일을 한다. 결국 고통을 견디지 못해 항복하면 표를 받게 되는 것이다. 지옥 불에서 영원히 고통받을 것을 알지만 그것을 이길 수 없어 예수님을 부인하게 된 다.

　이때에는 성령이 이미 거두어진 시대이다. 순전히 자기 의지와 노력으로 죽음을 맞기까지 고난을 견뎌야 하기에 구원받는 것이 쉽지 않다. 주님 오실 날이 매우 가까운 이 시대에 사는 우리는 어떤 믿음으로 신부 단장하며 깨어 있어야 할지 스스로 판단할 수 있어야 하는 것이다.

인간 경작 승리의 상징인 대성전

교회를 개척할 무렵, 주님께서는 세계 선교와 대성전 건축의 꿈을 주셨다. 1984년 7월, 성도와 함께 금식하며 성전 이전을 위해 기도할 때 하나님께서 마지막 때의 사명과 대성전 건축에 대해 구체적으로 알려 주셨다.

"내 사랑하는 종아, 내가 곧 오기 전에 대성전을 천하 만민의 손에 의해서 짓게 할 것이라. 성전을 건축한다 하면 하나님 마음을 알지 못하고, 믿음이 없는 자가 말하기를 어찌하여 그 많은 예산을 복음 전파에 쓰지 않고 건물을 세우는 데 사용할 수 있느냐 하느니라. 비록 내가 오기 얼마 전에 짓는다 할지라도 당연한 것이리라.

이 세상 온 인류 가운데에서 가장 아름답고 좋은 것으로 지을 것이라. 그때에는 너희가 모아서 하는 것이 아니요, 너희는 만방에 알려져 있고, 나라의 임금도 네 앞에 있을 것이라. 기술 있는 자는 기술로, 지혜 있는 자는 지식으로, 예물 있는 자는 예물로 할 것이라. 조금도 부족함 없이 넘칠 것이라. 인간을 위해서는, 세상 마귀를 위해서는 가장 아름다운 건물을 지었지만 너희 하나님을 위해 지은 것은 아직 없느니라…."

일반적으로 교회에서 성전을 크고 화려하게 건축하면, "차라리 그 돈으로 선교나 구제하는 것이 더 바람직하지 않는가? 왜 막대한 돈을 들여 건물을 세워야 하는가?" 말하는 사람이 있다. 이 세상에는 향락을 좇아 막대한 돈을 들여 호화롭게 세운 건물이 많다. 그러나 하나님께서 솔로몬을 통해 건축하게 하신 성전 외에는 지금까지 하나님 성전답게 세워진 것이 없다.

하나님께서는 솔로몬 왕에게 성전을 짓게 할 때 규모와 구조, 그 안에 쓸 집기까지 섬세하게 알려 주셨다. 당시 솔로몬 왕은 이웃 나라에서 좋은 목재와 금, 은 등 귀한 재료를 들여왔다. 성전 안팎에서부터 조그만 집기에 이르기까지 금으로 입혀 최고로 화려하고 아름답게 건축한 것이다.

원형으로 면류관 형태인 대성전

모세에게 환상과 계시를 보여 주며 그대로 성막을 세우게 하신 하나님께서 대성전에 관해서 구체적으로 알려 주셨다. 전체적으로 보면 원형인데 우주가 원형으로 끝이 없음을 상징한다. 대성전은 하나님의 권능과 위엄을 드러내는 인류 역사상 최고의 성전이다. 수십만 평의 대지 위에 지하에서부터 십자가 탑까지 높이가 70미터이며 성전 지름이 600미터인 거대한 건물이다. 장식 하나라도 천국의 아름다움과 하나님의

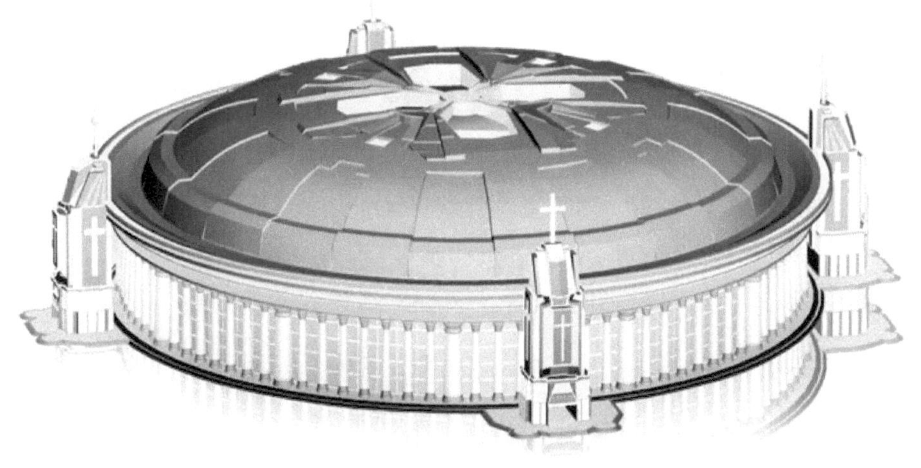

권능을 나타내도록 건축되는데 새 예루살렘의 영광이 담기며 하나님의 창조 사역이 드러난다.

성전 바깥에 열두 개의 큰 대리석 기둥이 있는데 새 예루살렘의 열두 기초석을 상징한다. 각각의 기둥은 조각된 꽃으로 둘러 있고 그 꽃의 중심에는 열두 기초석이 되는 보석이 있다. 기둥과 기둥 사이에는 새 예루살렘의 열두 진주문과 같이 큰 문이 있으며, 문마다 큰 천사가 둘씩 조각된다. 또 열두 개의 큰 기둥 사이에는 작은 기둥을 일곱 개씩 세우며, 각 기둥마다 천지 창조 사역을 새긴다.

예를 들면, 첫째 기둥에는 빛의 창조를 나타내기 위해 일곱 가지 무지개의 눈부신 빛이 전체적으로 흘러나오게 장식되고, 여섯째 기둥에는 소나 양을 비롯한 육축을 새겨 넣으며 아담과 하와의 모습도 조각된다.

대성전 단은 회전하고 지붕은 십자가 모양으로 여닫히며 성전 의자에는 각각 모니터가 설치되는 등 최첨단 기술을 도입한 각종 시설과 장치가 설치된다.

대성전 설계도를 투시하면 면류관 모습이다. 우승자에게 월계관을 씌워 주듯 하나님의 승리로 인간 경작이 마무리된 것을 상징한다.

하나님께서는 거룩하게 마음의 성전을 건축한 참 자녀를 통해 대성전을 짓기 원하신다. 마지막 때 오중 복음을 주셔서 죄악이 관영한 이 세대에 악은 모양이라도 버리며 마음을 깨끗하게 하는 성도로 이끌었다.

우리 교회는 하나님께서 싫어하는 죄를 피 흘리기까지 싸워 버리며 성결하고자 노력하기 때문에 특별한 주님 은혜 안에 많은 성도가 영으로, 온 영으로 성장하고 있다. 이처럼 신부 단장을 한 사람들이 대성전에서 주님을 영접하도록 섭리하신 것이다.

하나님께서는 우리와 함께하며, 대성전을 이룰 언약의 표시로 원형무지개를 보여 주셨다. 교회 상공이나 전 세계 만민 사역지에서 무지개를 자주 볼 수 있다. 또 대성전 건축을 위해 두바이를 비롯한 중동 국가를 몇 차례 방문케 하셨고, 재계 인사들과 친분을 나누게 하셨다. 그동안 세계 선교의 열매로 현재 전 세계에 8천여 개 교회가 만민의 사역에 동참하고 있다.

땅 끝까지 세계 선교를 이루며 하나님의 깊은 섭리가 있는 대성전 건

축을 이루고 다시 오실 주님을 맞이하기까지 나의 기도와 사역은 멈추

지 않고 계속될 것이다.

늘 그 자리에서
하늘을 우러르며
찬란한 햇살만이 아니라
때로는 먹구름과 폭우, 비바람과 찬이슬 속에서
더 깊이 뿌리를 내린 나무처럼

지난 이십오 년 성상을 지나는 동안
무릎 꿇고 하늘을 우러러 기도할수록
더 깊은 영의 세계로 인도하는 하나님의 사랑은
새로운 차원의 영계의 문을 열어주셨고
마지막 때 섭리는 계속 되었습니다.

회전하는 그림자도 없는 하나님의 진실하신 사랑
늘 그 자리에 계신
그분의 사랑이 있기에 달려올 수 있었습니다.

하나님의 역사를 오해하거나 시기하여
거짓된 말을 전하는 사람들이 있을지라도
진실은 역사 앞에 드러나고, 언젠가는 밝혀지기 마련이기에
묵묵히 하나님 앞에 기도할 뿐입니다.

이곳에는 가슴에 묻어 두어 미처 하지 못한 이야기 가운데
그 일부를 풀어놓았습니다.

이 책에 기록된 모든 내용은
한 점 부끄러움 없는 진실 그대로임을 밝힙니다.

연 보

1943.05. 부친 이차범 옹과 모친 조감장 여사 사이에 3남 3녀 중 막내로 출생
         (전남 무안군 해제면 신길리)

1956.02. 전남 분향 초등학교 졸업

1959.02. 전남 송정 중학교 졸업

1962.02. 서울 단국 공업고등학교 졸업

1964.09. 한양대학교 공과대학 중퇴

1967.04. 군 제대

1968.01. 현 이복님 사모와 결혼, 집들이 날 과음으로 발병

1970.11. 첫딸 이미영 출생, 귀가 잘 들리지 않아 다니던 신문사를 그만둠

1972.10. 둘째 딸 이미경 출생

1974.04. 현신애 제단에서 하나님을 만나는 체험 뒤 주님 영접

1974.11. 옥수동 성동교회 부흥집회에 참석하고 본격적인 신앙생활 시작

1975.08. 막내딸 이수진 출생

1979.03. 성결 신학교 입학

1982.07. 만민교회 개척

1983.02. 성결 신학교 졸업

1986.05. 목사 안수 받음

1987.06. 기독교방송 (CBS)에 한 달 동안 간증이 극화되어 방송됨

1990.   극동방송, 아세아방송, 워싱턴 미주 방송에서 정기적으로 설교가
         방송됨

1990.05. 영남선교회 주최 성령강림대회 강사

1991.03. 대구복음화 축복대성회 강사

1991.07. 예수교대한연합성결교회 총회 창립

1992.03. 닛시오케스트라 창단 예배 (강사: 신현균 목사)
         전 성도 대상 차원 교육 실시 (주제: 듣고, 보고, 마음으로 깨달아)
         한국일보 (국내 및 미주판)에 이재록 목사 신앙 칼럼 '길' 연재 시작

1992.05. 국가조찬기도회 참석

1992.08. '92 세계 성령화 대성회 공동 대회장으로 순서 담당

1993.02. 미국 크리스찬월드지에서 세계 50대 교회 발표 만민중앙교회가
포함됨

1993.05. 제1회 이재록 목사 2주연속 특별부흥성회 개최

1993.08. 워싱턴 복음화 연합대성회 강사

1993.09. LA 복음화 대성회 강사
LA 코리아타운 제20회 '한국의 날' 축제 명예 대회장으로 참석
LA시의회에서 축복기도함
LA 카운티로부터 명예시민증을 받음

1993.10. 기독교신문에 지상설교 연재 시작

1994.02. 육군 제6사단 실로암교회 봉헌 예배에서 격려사

1994.05. 미국 워싱턴 볼티모어 연합성회 강사
워싱턴 기독교복음방송국 이사장 취임

1994.06. 아프리카 탄자니아 교회 지도자 세미나 및 오순절 교회 예배 인도

1994.07. '94 서울 성령회대성회 대회장으로 축도
국제성서보급선교협회 부총재로 위촉

1994.09. 환자기도 음성전화 사서함 개설

1994.11. 일본 나가노현 이다 지역 연합대성회 강사

1994.12. 민족복음화운동본부 부설 부흥사 연수원에서 특강

1994.12. 기독교방송 (CBS) 창립 40주년 기념 '새롭게 하소서'
만민중앙교회에서 특집공개방송

1995.02. 한국 교역자 기도 동지회 주최 제149차 전국 교역자 세미나 개최

1995.03. 민족복음화 운동본부 주최 , 서울지역 연합대성회 개최
기독교방송에 설교 매주 방송

1995.04. 세계복음화협의회 주최 '95 LA 세계선교대회 강사

1995.05. 기독교 춘천방송에서 설교 방송 시작

1995.07. 민족통일 복음화 운동협의회 주최 '나라와 민족을 위한 구국 금식 기도성회'에서 상임회장으로 특별기도

1995.08. 광복 50주년 기념 평화통일 희년대회 준비위원회 임원으로 청와대 방문

여의도 광장 광복 50주년 기념 평화통일 희년 대회에서 실무대회장으로 경과보고

미국 뉴욕 라디오 코리아 방송에서 설교 방송 시작

1995.09. LA 코리아타운 제22회 '한국의 날' 축제 명예대회장으로 참석

1995.10. 대전극동방송에서 방송 설교 시작

아프리카 만민선교센터 설립

사랑실천 운동본부 주최 사랑의 헌혈 운동 만민중앙교회 참가

1995.11. 회개와 사랑의 실천운동을 위한 미스바 대각성 성회

미국 기독교 주간지 크리스찬 헤럴드에 칼럼 정기 게재

1995.12. 극동방송 '우리 교회 좋은 교회' 만민중앙 교회에서 공개방송

1996.02. 하와이 한인기독교 교회 협의회 주최 '96 하와이 한인교회 연합성회 및 목회자 세미나 강사

1996.03. 검찰복음화협의회 공동회장으로 위촉

1996.04. 대구 기독교 방송에서 방송 설교 시작

2002 월드컵 선교단 부총재 위촉

1996.06. 만민복지타운 개원

1996.07. 아르헨티나 한인축복 대성회 및 현지인 교역자 세미나 제14차 주의 종 교육

중앙일보사 창사 30주년 발간 '한국을 움직이는 사람들'에 선정됨

1996.08. 구로동 새성전 입당예배

캐나다 밴쿠버 기독교방송에서 설교 방송 시작

2002 월드컵 선교단 주최 한일 연합 기도대성회 참가

1996.09. 일본 신슈지역 연합 대성회

1996.11. 민족복음화 운동본부 주최 제2회 소년소녀 가장을 위한 찬양 콘서트

1996.12. 무궁화위성을 이용한 전국 지교회 동시 화상예배 송출

미국 필라델피아 기독교방송에 매주 정기 방송

1997.03. 뉴욕 코리아 방송 설교

뉴질랜드 오클랜드 한국말 기독교방송에서 매주 방송 설교

1997.07. '98 민족복음화 연합대성회 상임대회장 위촉

1997.08. 미국 파크웨이 크리스천 아카데미 교장 댄마리노 목사 일행

부흥사례 연구차 방문

1997.09. 미국 워싱턴 기독교복음방송국 주최 대전도대회 및 교역자 세미나

메릴랜드 교회 협의회 주최 한미 연합 대성회 강사

1997.10. 아르헨티나 사랑선교회 주최 제2회 아르헨티나 현지 교역자 세미나

1998.01. 기독교방송 신년특집 '새롭게 하소서' 대간증 집회 공개방송

1998.02. 특별 환자 성회 개최

기독교 세계부흥신교협의회 주최 '비상구국 성령충만 대성회' 강사

민족복음화 연합대성회 운영대회장 위촉

1998.03. 검찰복음화협의회 실무회장으로 위촉

일본 동경 국제선교대회 한국 준비 연합성회 강사

1998.05. 호산나 선교회로부터 선교회 발전과 민족복음화에 기여한 공로로

감사패 받음

검찰복음화협의회 주최 '자녀 안심하고 학교 보내기 전국대회'에서

대표기도 담당

1998.06. 오네시모선교회 주최 '제6회 교도소 복음화를 위한 자선

음악회'세계복음화협의회 주최 '국난극복 비상구국 기도 대성회'

1998.10. 한국법조인선교협의회 창립예배 및 '나라와 민족 위한 기도회'

1998. 12.　나라사랑 실천 연합회 주관 '불우 장애인 위한 자선 음악회'

　　　　　기독교방송 창사 44주년 기념식 및 CBS 비전 21대회

1999. 04.　마산 MBC홀에서 열린 '소년 소녀 가장돕기 찬양 콘서트'

　　　　　서울지방검찰청 주최 '자녀 안심하고 학교 보내기 운동'

1999. 07.　기독교 세계부흥선교협의회 상임총재 위촉

2000. 02.　블라디보스톡 '국제 복음 라디오방송'(AM 1503)에서 방송 설교

　　　　　시작

2000. 06.　필리핀 마닐라 마부하이 라디오 방송(AM 1350)에서 영어 설교

　　　　　방송 시작

2000. 07.　'2000년 우간다 목회자 세미나 및 대성회' 강사 우간다 성회에

　　　　　나타난 권능의 역사가 미국 CNN에 방송

2000. 09.　'일본 나고야 대성회' 강사

2000. 10.　'파키스탄 목회자 세미나 및 연합대성회' 강사

　　　　　파키스탄 트레슬러 문공부 장관이 만민중앙교회 금요철야예배에

　　　　　참석

2001. 01.　만민 TV 설립

2001. 06.　필리핀 RPN TV 통해 권능 사역이 정기적으로 방송 시작

　　　　　'아프리카 케냐 목회자 세미나 및 연합대성회' 강사

2001. 09.　'필리핀 교회 지도자 세미나 및 연합대성회' 강사

2002. 07.　'온두라스 목회자 세미나 및 연합대성회' 강사

2002. 10.　'인도 목회자 세미나 및 연합대성회' 강사

2003. 02.　미국 LA 교회 협의회와 남부 캘리포니아 에큐매니컬 협의회로부터

　　　　　한미 교회 간 협력증진과 헌신적인 복음사역에 대한 감사패 받음

2003. 11.　'러시아 연합대성회' 강사

2004. 05.　'제12회 이재록 목사 2주연속 특별 부흥성회' 강사

2004. 10.　'독일 연합대성회' 강사

2004.12. '페루 연합대성회' 강사, 페루 톨레도 대통령 초청으로 대통령
궁에서 환담

2005.05. 페루 와이즈만 부통령, 막시모 산 로만 전 부통령이 만민중앙교회
방문

2005.09. GCN(Global Christian Network) 지상파 방송 개시

2005.10. 창립 23주년 기념예배및 GCN 개국 예배와 축하 행사

2006.02. '콩고 연합대성회' 강사 콩고 조셉 카빌라 대통령이 초청, 환담

2006.05. 뉴욕연합대성회 러시아 준비위원장 미하일 모글리스 박사와
실무위원장 마크 바잘레프 목사 방문

2006.06. 세계기독의사네트워크(WCDN) 주최 '제3회 필리핀 국제기독의학
콘퍼런스' 개최

2006.07. '2006 뉴욕 연합대성회' 강사 성회 실황이 세계 200여 개국에 위성
생중계 및 녹화 중계 됨 미국 상원, 하원, 뉴욕 시 의회에서 감사패
및 인증된 선언문 수여

2007.02. 제64회 NRB 총회 및 박람회 참가

2007.02. 만민국제신학교(MIS) 중남미 목회사 세미나

2007.07. 제4회 국제기독의학 콘퍼런스

2007.10. 창립 25주년 및 GCN개국 2주년 기념예배

2007.11. 세계 기독의사네트워크(WCDN) 주최 동남아시아 콘퍼런스

지 옥 이제까지 밝혀지지 않았던 지옥의 참상

20개 언어로 출간

한 영혼도 지옥에 떨어지지 않기를 원하시는 하나님께서
온 인류에게 보내는 간절한 사랑의 메시지

믿음의 분량 믿음의 단계별 지침서

18개 언어로 출간

각 사람의 믿음에 따라 천국에서는 어떤 처소와 상급을 받을까?
현재 자신의 믿음의 분량을 측정해 볼 수 있게 하며,
믿음의 선진들처럼 최고의 분량에 이르는 길을
구체적으로 제시하고 있다.

치료하는 여호와

18개 언어로 출간

질병에 걸리지 않고 건강하게 살아가는 길,
상한 마음과 질병으로 인한 육체적 고통까지 다 치료하시는
능력의 하나님을 만나도록 이끌어줄 것이다.

깨어라! 이스라엘

마지막 때 숨겨진 하나님의 사랑과 비밀

15개 언어로 출간

간절히 메시아를 기다려 온 모든 유대인에게
하나님의 사랑을 깨닫게 하며,
마지막 때를 살아가는 온 인류에게 전하는 경고의 메시지!